U0449510

企业家讲坛 创新创业指导丛书

做对

创业决策和执行的历练

林锐 ◎ 著

电子工业出版社
Publishing House of Electronics Industry
北京·BEIJING

推荐序

实践出真知

我从事工业设计的研究、实践和教学三十六年，见了太多关于用户研究、产品设计、创新思维之类的论著，多数有"八股文"的味道，了无新意，读之如同嚼蜡。

林锐博士是著名的研发管理专家和创业者，但他不是设计领域的专家。当他把三本新著《天性》《吸引》《做对》的书稿发给我审阅时，说实话，当时我挺疑惑。我想，一个不是学设计出身的人，如何能写出有价值的设计著作？

但出乎我意料的是，读完书稿感觉如沐春风，其独特的见解、生动的案例让人拍案叫好，欲一口气读之而后快。林锐曾多次请我从专业的角度提出改进意见，我则认为这三本书是极为宝贵的原创力作，如果套上所谓"专业"的枷锁反而会削弱它的亮点。所以，我力劝其保持原汁原味，此亦为该书的高价值所在。

《天性》《吸引》《做对》是林锐对自己近二十年产品研发与创业历程的反思力作，实践出真知。三本书精准而生动地阐述了天性需求、产品设计、创业道理，指明了许多误区（陷阱），令人耳目一新，极受启发。

林锐从不遮掩自己遭遇的挫折和失败，语为人镜，言为心声，真诚感人。没有枯燥乏味的说教，而有深刻的思考；没有晦涩难懂的理论，而有深入浅出的见解。我相信这三本书在当今创新创业大潮之下定会掀起波澜。

浙江大学计算机学院媒体与交互设计实验室主任　彭韧

前言

常言道，"创业九死一生"。多数创业者都是聪明能干之人，为何失败率极高？同一个人，为什么其高考的成功率远远高于其创业的成功率呢？

一个人从小学读到高三，经历过无数次考试。从小学开始，每个学生都有错题本，老师和家长会督促学生反思为什么错了，确保下次不再犯类似的错误。当他高考时，已经"身经百战"，所以高考对他来说是一件很有把握的事情。

绝大多数人在学生时代没有创业的经历（或者模拟练习），没有获得太多关于创业的经验教训。当他创业的时候，很多事情都是第一次遇到，做错的可能性极高。就如新兵上战场，极容易掉进陷阱、踩到地雷，这是普遍现象。如果错误很严重，就会导致创业失败。

有些口号如"失败是成功之母""坚持就是胜利""在哪里跌倒就在哪里站起来"，适合用在考试上，不适合用在创业上。考试可以反复失败，大不了下次再考，但是创业失败的代价远远高于考试失败。创业失败了，有些人遭遇失败的打击，从此一蹶不振；有些人倾家荡产、负债累累，无法东山再起。

成功的创业，是从事自己喜欢、自己擅长并且能够获得期望收益的事业。前两点自己可以掌控，最后一点非常艰难，需要价值链中的所有合作者共同努力才能实现。

世上没有任何著作或导师可以保证你能创业成功，"成功学"基本上都是骗局。经历失败是创业过程中的必修课。企业家的反思文章和著作的价值在于，帮助创业者降低失败的代价、减少失败的次数。我本人也是在其他企业家的指导帮助下，学会了识别错误和"断、舍、离"，从失败的泥潭中爬了出来，在其他地方重新站了起来。我同样也把经验教训和方法传授给了其他创业者。

企业的所有工作都围绕两个"做对"开展。一是"做对的事情"（Do Right Things），即正确决策。二是"把事情做对"（Do Things Right），即正确执行。正确决策和正确执行的能力不是与生俱来的，而是在实践过程中历练出来的。

本书论述如下内容：创业常识、健康和信用、做对的事情、把事情做对、商业模式、竞争力等。本书汇聚了我和众多企业家的经验教训，能够帮助创业者少犯明显的错误，少走崎岖弯路，对创业大有裨益。

无论创业成功还是失败，创业历程都为人生增添了丰富多彩的故事，总比平淡无奇地度过一生要好。不必仰慕成功者，也不要歧视失败者，而是应感谢时代给予我们自由创业的机会。

创业不论出身，既不嫌小也不嫌贫。你在做小事业的时候无法预见大事业是什么，其实更大的事业在耐心地等待你成长。借用清代诗人袁枚的诗句与大家共勉。

《苔》

白日不到处，青春恰自来。

苔花如米小，也学牡丹开。

感谢西安电子科技大学校友金志江、宋朝盛、戴玉宏和浙江大学校友董军、刘灵辉、石磊的鼎力支持。感谢家人的长期支持。

感谢电子工业出版社编辑团队的辛勤工作，大家的努力只有一个目的，要对得起读者。

《天性》《吸引》《做对》这三本书对企业成长和创新创业教育具有较高的指导价值。其主要面向的读者是企业人士及对创业感兴趣的大学生。欢迎读者与我联系交流。

林锐

上海漫索计算机科技有限公司

linrui@mansuo.com

目录

第1章 创业常识

1.1 生意的本质是合作共赢⋯⋯⋯⋯⋯⋯⋯⋯⋯⋯ 2

1.2 万物既竞争又合作⋯⋯⋯⋯⋯⋯⋯⋯⋯⋯⋯⋯ 5

1.3 好生意要素之一：真实且有足够的需求⋯⋯⋯ 8

1.4 好生意要素之二：产品具有吸引力⋯⋯⋯⋯ 11

1.5 好生意要素之三：能够获得期望收益⋯⋯⋯ 14

1.6 好生意要素之四：健康的生态⋯⋯⋯⋯⋯⋯ 17

1.7 创业毒药：贪婪和虚荣⋯⋯⋯⋯⋯⋯⋯⋯⋯ 20

1.8 防范贪婪和虚荣危害企业⋯⋯⋯⋯⋯⋯⋯⋯ 25

1.9 企业持续进步的方法⋯⋯⋯⋯⋯⋯⋯⋯⋯⋯ 27

1.10 创业不嫌小⋯⋯⋯⋯⋯⋯⋯⋯⋯⋯⋯⋯⋯ 31

第 2 章　健康和信用

2.1　健康和信用是一切事业的根基 …………………… 38

2.2　健康的重要性 ………………………………………… 40

2.3　中年健康危机 ………………………………………… 43

2.4　信用的重要性 ………………………………………… 47

2.5　钱财信用 ……………………………………………… 50

2.6　工作信用 ……………………………………………… 52

2.7　口头信用 ……………………………………………… 54

2.8　规则信用 ……………………………………………… 56

第 3 章　做对的事情

3.1　有所为，有所不为 …………………………………… 60

3.2　判断"对不对和值不值" …………………………… 62

3.3　断舍离 ………………………………………………… 65

3.4　肺腑之言 ……………………………………………… 68

第4章 把事情做对

4.1 何为把事情做对 …………………………………… 72

4.2 认真负责的态度 …………………………………… 73

4.3 合格的技能 ………………………………………… 75

4.4 合适的管理方法 …………………………………… 77

第5章 商业模式常识

5.1 基本概念 …………………………………………… 82

5.2 致富主要靠商业模式 ……………………………… 85

5.3 发现并解决供需矛盾 ……………………………… 89

5.4 优秀商业模式的特征 ……………………………… 96

5.5 糟糕商业模式的特征 ………………………………103

5.6 作者反思 ……………………………………………105

第6章 商业模式研究

- 6.1 商业模式的要素和模板 ······ 128
- 6.2 价值研究 ······ 133
- 6.3 消费者研究 ······ 139
- 6.4 产品和服务研究 ······ 141
- 6.5 盈利模式研究 ······ 144
- 6.6 供应链研究 ······ 154
- 6.7 营销研究 ······ 158
- 6.8 竞争力研究 ······ 162
- 6.9 商业模式练习 ······ 164

第7章 竞争力

- 7.1 长处和短处 ······ 176
- 7.2 长处不能遮盖短处 ······ 178
- 7.3 避短非长久之计 ······ 180
- 7.4 如何补短 ······ 182

7.5　人人都有比较优势 …………………………………186

7.6　比较优势原理的应用 ………………………………188

7.7　比较优势不够硬 ……………………………………190

7.8　什么是核心竞争力 …………………………………192

7.9　如何打造核心竞争力 ………………………………196

7.10　与竞争对手相处 ……………………………………201

第 1 章

创业常识

1.1 生意的本质是合作共赢

一类商品的买卖称为一门生意。卖方提供商品，买方付钱购买。生意是买卖双方的行为，只有卖方构不成生意。一个人可能是 A 生意的卖方，也可能是 B 生意的买方。

商业是对生意的宏观描述，是关注买卖的群体行为，如商业模式、商业评论。生意听起来比较俗气，商业更加优雅上档次。不管名称是什么，实质都是做买卖和研究买卖，买卖的大小都用钱的多少来衡量。

中国古代长期轻视商业，文人使用了不少刻薄的成语来讽刺商人，如唯利是图、见利忘义、为富不仁等，这种怪癖思想至今还在作祟。

我是工程师出身，做产品研发将近 30 年，经营企业 20 多年。半生的经历，让我对商业的态度，从轻视演变为崇敬。

生意的本质是合作共赢，好的生意让买卖双方都得到好处。商业是人类伟大的发明，人们能从商业中获益，商业造福于全人类。

我曾在第一线为500多家企业提供研发管理服务，接触了近万人（包括员工和领导）。我内心特别感激民营企业类客户，从来没有人有意刁难我。尽管在商务谈判的时候双方会讨价还价，在做方案的时候会有争议，但是大家在干活儿的时候不敌对、不欺负，懂得合作，都想着把活儿干好。

中国生意场合吃饭有个陋习，乙方常被甲方逼着喝酒，可是我当乙方时没有这等遭罪。我出差和客户吃饭上千次，我从来不喝酒。客户来劝酒，我说，喝几口就醉了，干不了脑力活儿，耽误事情。我的工作是不可替代的，让我喝酒对双方的损失都很大。

客户听了先是一愣，立马觉得有道理，于是说"我干了，您随意"。所以从来没有客户逼我喝酒，都说等空闲了再喝。我亲身感知，绝大多数客户是理智的，明白合作共赢的道理，都会尊重合作者。

多年前，我曾经和一位成功的企业家出差。空闲时间，这位企业家竟然带我去逛当地的菜市场，他几乎逛了一半的摊位，正儿八经地和卖家聊天砍价，并买了一些东西。我当时对这种行为很不解，他说，了解各地风土人情、调查民生的最有效方法，就是逛菜市场。

后来我也经常去菜市场。尽管环境不是很整洁、气味不太好，但是我感受到了欢乐的商业气氛，看到了和谐合作的场景。传说中的缺斤少两、以次充好的事情极少见。卖家态度好，不仅保质保量，还免费送葱姜蒜，甚至抹掉几元钱的零头。很多人早上4点去批发市场进货，卖到晚上6点下班，非常勤劳。他们都在认真做生意，盼望留住客户，努力多赚钱让家庭生活更好。

我有时带孩子去买菜，卖家对孩子很热情，会送小番茄、小黄瓜、小龙虾等，让孩子开心，让我感到温暖。我从不砍价，不担心被骗，卖家抹掉的零钱，我会用手机多付点钱还给他们。生活不易，大家都珍惜微小的合作机会。

我年轻的时候因自己比较有才华而清高，创业时间长了，我发现自己并不比卖菜的人做得好。菜市场那些平凡的小商贩，虽然没有受过太多教育，但是践行了商业道理，都是我生活中无名的商业导师。创业后的我，本质上也是个"卖菜的"，只是品种不同而已。

1.2　万物既竞争又合作

只要有需求，就会有供给。只要有利可图，就一定会冒出竞争者。理论上，所有的商品都会构成竞争。

（1）同类商品的直接竞争。在功能和质量相似的情况下，客户会买价格低的商品。只要有一个卖家降价，同类商品的其他卖家就会被迫跟着降价。价格战是最普遍，也是最残酷的竞争手段。

（2）非同类商品的间接竞争。服装、餐饮、玩具分属不同领域，原本不存在直接竞争关系。但是客人的钱是有限的，如果他多买了服装，就要减少对餐饮和玩具的消费。同理，老百姓用大部分钱买了房子，就没有钱用于其他消费。如果房地产占国民经济的比重过大，就会严重损害其他行业。

（3）跨界打击。打败你的，可能不是行业内的竞争对手，而是你没有见过的行业外的新生事物。中国是方便面的最大市场之一，该市场份额曾经长达18年连续增长。自从外卖兴起后，方便面市场份额呈断崖式下降。打电话和拍照，原本是两件毫不相干的事情。后来智能手机几乎淘汰了普通相机，只剩下专业相机了。

万物竞争的同时，又存在合作：

（1）同类合力，会吸引更多的顾客。如果一个商场里，只有一家服装店、一家餐馆和一家玩具店，优点是没有直接竞争者，缺点是很萧条。顾客没有挑选的余地，以后就不会来了，导致所有商店都没有生意，萧条比激烈竞争更惨。所以商场中要有若干同类商家，不能太多也不能太少。

（2）异类互补，会产生更多的消费。大学附近的小吃街，有卖炒面的、卖炒饭的、卖麻辣烫的、卖烤羊肉串的、卖瓜果的、卖啤酒的，各式各样。客人可以到各家轮流吃，也可以一次性买各家的东西来一起吃。我还看到几个卖家相互交换东西吃，其乐融融。

万物既竞争，又合作，优胜劣汰，形成了生机勃勃的生态，对卖方和买方都是好事。

在创业过程中，没有遇到竞争者不一定是好事。你不知道是自己幸运地遥遥领先了，还是先驱们都倒下了。你听不到同行的声音，看不到隐蔽的陷阱。就如你一个人走夜路，忽然掉进坑里，你都不知道自己是怎么掉下去的。

竞争者不是你的敌人，如果竞争者成为你的敌人，你死我活，那就不是好生意。不管用什么手段消灭了竞争者，所有失败者都会前功尽弃，社会代价很高。而胜利者则成为垄断者，将阻碍行业的发展。

下文将论述好生意的四个要素，帮助创业者识别好生意，选择好生意。

1.3 好生意要素之一：真实且有足够的需求

真实的需求，是指客户真的愿意为这个需求付出代价，如购买或使用。客户花钱买产品，或者花时间使用产品，这个行为比嘴上说说更真实。

如果客户嘴上说自己需要，但是不买也不用，那叫伪需求。伪需求伴随人的一生。依据伪需求做出来的产品是卖不出去的。

传说癞蛤蟆想吃天鹅肉，若真把天鹅肉给癞蛤蟆，它是不吃的，是伪需求。传说叶公好龙，当叶公见到真龙时，吓得魂飞魄散，这也是伪需求。

有些伪需求源于客户说不清楚自己需要什么东西，卖方误解了客户的意图。还有一些伪需求是卖方自己臆想出来的。卖方自己有这个需求，他会根据生活经验、将心比心推断出别人也有这个需求。越自信的人，越会犯这类错误。

偶然产生的需求，虽然也是真实的，但是数量太少，不值得卖方做这个生意，否则会亏损。

《守株待兔》里的兔子自己撞死在树下，被农夫捡到，这是偶然事件。农夫把偶然的收获当作自己的谋生手段，注定失败。

猎人在猎物常走的路线上设置陷阱，等着猎物自投罗网。这就不是偶然事件了，其中蕴含规律，与守株待兔有本质区别。

如果需求是真实存在的，不是偶然产生的，那么必定存在有相同需求的一群人，称为"目标消费群体"。创业者要分析目标消费群体的特征，估算市场需求量有多大，评估自己可不可以做这门生意。

俗话说"万事开头难"，其实"后面更难"。企业一旦启动某个业务，投入的资金和精力就会越来越多。只有需求量足够大，才能支撑这门生意。

国内某著名教育电子企业，曾经推出一款面向中学生的"手机学习机"。该产品的研发初衷是：几乎每个中学生都有手机，杜绝中学生使用手机是不可能的。与其让中学生使用差的手机来玩游戏和聊天，还不如定制一款高质量的手机学习机。家长可以设置玩游戏、聊天和学习的时间，既当手机又当学习机，可谓一举两得。

我体验过这个产品。手机的质量属于 iPhone 级别，最大限度地做了防近视设计，学习内容的设置本来就是该公司的强项，广告做得也很精彩。其在小范围试销期间获得了很好的用户反馈,大家都认为这是一款好产品。然而,该产品上市后半年就停产了,原因是市场需求量不足以支撑该企业的大规模生产和销售,企业无法达到预期的目标,于是立即停产止损。

真实且足够的需求,是一切好生意的必要条件。

1.4 好生意要素之二：产品具有吸引力

在自由市场里，只要存在真实的需求并且有利可图，就会不断地冒出竞争产品。客户为什么从众多同类产品中选择它？究竟是什么打动了客户？

被鼓吹得最多的是"完美、极致"，这是人们理想的追求，在现实生活中很少见。如果卖方有很强的研发实力，要花很长的时间，才能推出完美、极致的产品。客户也不会只买完美、极致的产品，他可能买不起或等不起。

世上有无数满足某种需求、质量合格的产品大量积压滞销，根本原因是产品不具有吸引力，无法打动消费者。再高明的营销手段，也无法使平庸的产品成为畅销产品。

吸引力不等于完美、极致，不需要面面俱到。

"高富帅"和"白富美"在人间屈指可数。在现实生活中，人只要有"富、帅、美"其中一点，就很受欢迎了。男人在追求美女的过程中，往往不会在乎她脾气好不好、成绩好不好、会不会做家务。

如果客户看到有吸引力的东西，就会立即心动，并忽视次要的缺点。

我曾看到"重庆排名前十的火锅店"中的一段精彩描述：离店尚有数十米，我就闻到了浓烈的火锅味，顿时感到饿了，按捺不住了。客人走进店里要慢行，座位拥挤，地板黑而油腻，一看就知道是多年的积累。大热天，空调不好，又不通风，雾气腾腾，客人吃得浑身是汗。

老板娘大声地喊叫指挥：八号桌，毛肚两份，要快！

环境糟糕，没有太多服务，食客还蜂拥而来，为什么？

因为味道好！对于某些食客而言，味道好就是最大的吸引力，其他小缺点都被忽视了。

平庸的功能再多，也无法弥补吸引力的缺失。

有个媒人给工程师介绍对象："这个姑娘可好了，名牌大学毕业，学历高，精英白领，收入高，温柔体贴，爱做家务，而且要求不高，就喜欢你这样踏实可靠的工程师，你们简直就是天生一对啊！"

工程师听了拔腿就逃，问其原因，答："媒人说的那么多优点，我一点儿都不在乎。唯独不提长相，我想她可能不是很好看。"

没有吸引力的产品，就如同相亲时总被否定的、平庸的老好人。

相亲对象婉转地对你说："你各方面都不错，你是个好人，但是咱俩不合适。"

常见的产品吸引力要素有驾驭复杂、独特、美、有趣、安全、健康、舒适、环保、容易理解、容易使用、实用和高性价比。一个产品拥有一个或数个吸引力要素就够了，详见我的系列著作《吸引》。

吸引力是产品成功的关键要素，是企业决策的依据。产品在设计完成后，如果没有吸引力，就不要进入生产和销售环节，避免巨大的浪费。要多做几轮设计改进，直到产生令消费者喜欢的吸引力为止，再进入后续环节。

1.5　好生意要素之三：能够获得期望收益

卖方能够获得期望收益，才有能力、有动力继续做这门生意。

卖方做生意是为了赚钱，钱当然越多越好。卖方可以忍受短期的亏损，如果长期达不到期望收益，就可能面临倒闭（没有能力继续做），或者不想做了（没有动力继续做），这门生意也就终止了。

如果企业基于伪需求开发了产品，肯定没人买，会立即失败。

如果企业开发的产品有真实的需求，但是没有吸引力，则很难卖，不久也会失败。

这两种常见的失败，其实代价并不高。因为败得快，原因很清楚，不值得挽救，放弃就能止损。

真正糟糕的是，产品有真实的需求，有一些吸引力，也有一些客户购买，但是客户付的钱远远低于你的期望。由于有客户购买和使用你的产品，你就一直觉得还有希望、有前途，要努力把它做得更好。于是不断地投入，陷入长久亏损，被长期折磨。**"慢慢失败"** 比 **"快速失败"** 的代价高得多。

经营者本能地有这样的定价思维：根据目标客户的购买力，推算出产品的最低价格，他们自认为面对这样的低价，所有客户都买得起，所以客户一定会买。

这是卖方的推理，并不适用于所有客户。

有一些人即使没有购买力，也要超额消费。例如，很多大学生通过网贷消费，负债累累。反之，有一些人即使有很强的购买力，也未必会买东西。

我家不常看有线电视，账单138元/半年，约20元/月，我没有续费。公道地讲，有线电视还是有点价值的，偶尔也有不错的影视节目。我缺20元吗？不缺，但是我不续费。

我家常看网络影视节目，每月大约30元，我都是每个月续费，不愿意成为长期VIP客户。我刚付完费，就立即把自动续费关闭。面对高频需求，我竟然很计较30元！

我有个企业家朋友，事业很成功，购买力很强，为人非常豪爽。他开上百万元的豪车，经常请朋友吃饭，大方惯了。聊天得知，他竟然不买汽车商业险，只买交强险，真让我十分惊讶。

我问为什么，他说自己是老司机，很多年没有发生事故，每年交商业险挺亏的，就不买了。一个有极强购买力的企业家，竟然不买"刚需"商业险（几顿饭钱而已），听起来真的不可思议。

2020年5月，蜂巢推出新的收费措施：用户可以免费使用快递柜12小时，超时后每12小时收取0.5元，3元封顶。蜂巢在全国小区建设快递柜，花了十几亿元，付出那么多成本，收0.5元保管费不算多，人人都付得起。

可是收费措施刚推出，就遭到了大批用户的抵制。有些人洋洋洒洒地写文章批判蜂巢，一边用着快递柜，一边使劲儿地批判。还有一些人直接拔掉快递柜的电源。

我写这些案例，是要告诉大家：**不要用客户的购买力来定价，不要以此推断客户会不会购买**。即使产品和服务做得不错，也不一定能够赚到期望的钱。卖方觉得是良心价，而买方却说没有天理，赚几毛钱都很难。

1.6　好生意要素之四：健康的生态

在健康生态下才会有真正的好生意。生态关乎行业命运，这里着重解释供应链生态和竞争生态。

一、供应链生态

产品和服务不是一个人就能完成的，需要很多人在多个环节一起合作，称为供应链。链是很形象的比喻，如同自行车的链条，如果一个环节断了，就无法驱动。

生意有多个环节，每个环节都有各自的成本和期望收益。每门生意的总收益是有限的，在一般情况下，市场会根据各环节产生的价值来分配利益。

如果某个环节太强势，占据了太多利益，导致其他环节无利可图，那么其他合作者就会撤退。最终导致供应链断裂，原先的生意也就失败了。

总想着抢占供应链伙伴的利益，会形成恶劣的供应链生态。这是损人不利己的行为，创业者不要主动做这样的事情。如果被迫卷入，要么撤离，要么设法革新供应链，消除恶劣环节。

二、竞争生态

凡是有利可图的生意，都会有竞争。如果竞争者都用心为用户创造价值，努力改进产品和服务，优胜劣汰，这种竞争是良性的，良性的竞争会让行业生机勃勃。

中国餐饮业算是良性的竞争生态，没有垄断，餐饮企业只要用心把味道、卫生、服务做好，客人自然络绎不绝。餐饮企业能否活下来、活得好，其实和竞争对手几乎没有关系。

人是有贪欲的，若贪欲过大，就会产生恶性竞争。**恶性竞争的目的是用一切手段干掉所有同行，让用户都归自己，偏离了"为用户创造价值"这个正确目标。**获胜也是短暂的，可能被下一个崛起者用类似的手段干掉，再次归零。

俗话说"商场如战场"，这是形容做生意的艰辛，并没有说做生意就是打仗。杀敌一千，自损八百，是恶劣的竞争生态。

网约车滴滴出行、快的打车、优步的竞争，消耗巨资并不是为用户创造价值，而是干掉对手，企图赢者通吃。后来共享单车继续采用这种"烧钱大战"，结果没有一个赢者，浪费了巨大的社会资源。

所有不为用户创造价值的竞争，其实都是浪费。

生意的本质是合作共赢，需要所有参与者（包括供应链、竞争者、消费者）共同用心维护，智者将其总结为"和气生财"。健康生态给所有人带来福祉，生意如此，社会如此，地球亦如此。

1.7　创业毒药：贪婪和虚荣

贪婪和虚荣是普遍存在的，人们司空见惯，熟视无睹。贪婪和虚荣不断诱使企业做错事，让企业不知不觉地走向毁灭。我称之为创业毒药，用于警示创业者，**企业要像对待毒药那样远离贪婪和虚荣**。失信，也是毒药，我将在第 2 章论述。

一、贪婪的危害

"贪"是人的天性，它本身没有好坏之分，好与坏要视其行为而定。

例如，人们想赚更多的钱，让生活更好一些，这是贪性产生的欲望，人人皆有。如果人们合法、合理地满足了欲望，这不叫"贪婪"，而叫"进取"，社会因此而进步。

反之，如果你的能力很有限，欲望却很强，为了满足欲望而冒着巨大的风险去做事情，结果失败了，产生了严重的后果，这才叫"贪婪"。

"贪婪"与"不贪婪"之间只有程度上的差别，但是这个"度"是量变与质变的界限。

贪婪有如下特征：

（1）欲望明显高于能力，满足欲望非常困难。如果欲望和能力匹配，那是正常的工作和生活。**如果欲望比能力略高，自己努力一下也能实现，那叫"进取"**。如果欲望明显低于能力，那叫"不思进取"，又称"佛系"。

（2）实现目标的可能性比较低，有明显的赌的心态。如果胜算很高，那就叫"运筹帷幄"。

贪婪的危害是，不仅失败的可能性很大，而且失败的代价很高。

2009年，汽车界出现了一件很有意思的大逆转收购案例。

在若干年前，保时捷雄心勃勃地举债收购德国大众汽车的股份，增持大众汽车股份至约51%，还借钱买了更多的大众汽车股份，业界称为"蛇吞象"。眼看着大众汽车就要成为保时捷的子公司了。

但是2008年金融危机的爆发使保时捷在一年之内从"富"变成"负"，100多亿欧元债务令保时捷不堪重负。2009年，保时捷只好"卖身还债"，而买家恰恰是大众汽车。保时捷由于贪婪而沦落为大众汽车的第 10 个品牌。

如果企业（或个人）承受得起失败,相当于高价买了一个教训,吃一堑,长一智。如果企业（或个人）承受不起失败,通常会倒闭（或个人破产）,可能难以东山再起。

人人皆有"贪"的天性,极容易受到眼前利益最大化的诱惑,去做风险很大、代价很高的事情,甚至把企业（或个人）逼入绝境,危害"健康长久地发展"这个终极目标。企业领导人必须时刻提防贪婪。

二、虚荣的危害

在一般情况下,人们不会对无利可图的事情贪婪。但是有了"虚荣"就不一样了,"虚荣"会驱动人们即使"无利"也要贪。

电视剧《雍正王朝》中有个例子。雍正登基不久,推出了一项利国利民的新税政,由于遭到顽固势力的阻挠,困难重重。雍正的政权尚不稳,他迫切地希望看到新税政的成效。

不久,山西省就传来捷报,不仅百姓安居乐业,而且税收大大增加。雍正一开始也不相信,派人去山西府库检查,结果发现,库中果然是白花花的银子,和奏报上的数字一致。雍正大喜过望,立即全国表彰,赐山西巡抚为"天下第一巡抚",号召全国各地向山西学习，推行新税政。

刚表扬完，密探就上报山西巡抚造假，称山西根本就没有税收，山西巡抚向商贾借钱，朝廷检查后再还给商贾。

雍正大怒，把山西巡抚抓来问斩。大臣求情：山西巡抚可是个清官啊，他体恤百姓，从不贪财，自己家徒四壁，母亲生病都请不起医生。他看到皇上为新税政着急，为了安慰皇上，就想出一个造假的办法，先借钱充国库，将来等山西真的富有了，再把钱补上。这是好心办坏事，所以罪不至死。

雍正说：他的确不贪财，但是他贪名、图虚荣，更可恨。如果他贪财倒还好，把他抓起来，把钱拿回来，朝廷倒不会损失什么。他造假却导致全国官员和百姓对朝廷新税政失去信心，让政敌抓住了把柄，他们造反可要了朕的命。所以不仅要斩了山西巡抚，而且朕自己还要当朝认错。

可见虚荣与贪婪"狼狈为奸"，虚荣大大地推动了贪婪。

通俗地讲，虚荣是指人们看重面子高于实质。人人皆有虚荣心，如果不过分虚荣，那么倒也无伤大雅。但如果虚荣过头了，则会伤害自己或他人。

虚荣对企业的危害主要体现在以下几方面。

（1）**企业领导人不务正业，本末颠倒。**一些企业领导人挂了很多头衔，如×代表、×委员、×协会主席。有了这些头衔后，他们成天和政要名流聚会，上电视，到处剪彩，再也不能专注于企业的生存和发展。

（2）由于要面子，犯了错误不认错，让错误继续发生。甚至为了掩盖错误，再干另一件错误的事情来证明上一个错误是对的。

如果一个企业有上述问题，那么它离死期就不远了。

1.8 防范贪婪和虚荣危害企业

中国企业界最典型的贪婪和虚荣行为就是"做大"。有些名人造了一句名言"要想做强，必先做大"，这是一句逻辑颠倒的话，他们自己失败了还不认错，继续误导他人。"做大"成为中国企业界的"狂躁病"，四处传染。

"大"真的好吗？

恐龙曾经是地球上最大的陆地动物之一，很早以前就灭绝了。老鼠很小，不仅活着，还占领了地下。

世上的确有些人很大并且很强壮，如姚明，可他是自然长大的，不是"做大"的。

"做大"若不是自然壮大，必定大而脆弱。

多少企业因为贪图"大"，不仅什么好处都没有捞到，而且使自己面临困境或绝境。就连企业管理楷模丰田汽车公司，也因贪图"全球最大汽车公司"的虚名，大肆扩张，忽视风险，导致该公司在 2008 年发生了半个世纪来的第一次巨亏。

在企业的经营过程中，"强"远比"大"重要。只有"专注"才能变"强"，而后自然壮大。

当曹操和袁绍决战于官渡时，袁绍的地盘和兵力是曹操的三倍。曹营人心惶惶，多人建议和谈。

曹操做了一场战前演讲，震撼人心：

八年前我就知道终有一天要和袁绍决战，当时袁绍有 30 万兵马，我想至少要积攒 20 万兵马才能与他对抗。后来袁绍有 50 万兵马，我觉得自己只要 10 万兵马就可以了。如今袁绍有 70 万兵马，我只要 7 万兵马就赢定了。

为什么袁绍的人越来越多，我需要的人反而越来越少呢？因为他的人虽多，但是战斗力弱，他的人越多，败得就越惨。

果真，官渡一战，袁绍兵败如山倒，不久就被曹操灭了。

曹丕制作了一张新的诸侯势力图，曹操问刘备在哪里。曹丕不屑地说，刘备只有 3000 人，借住在新野，他人少地少，我没有在地图上标出来。曹操说，刘备虽弱，却是我们的大患，你把他标注出来，盯着他，我迟早要收拾他。

1.9　企业持续进步的方法

孔子说，人求知有四种境界：不学而知，学而知，困而知，困而不知。

"不学而知"（无师自通）的人是天才。他可能在吃顿饭、看部电影、打个球的时候，突然领悟了某些重要的道理，自己的水平就上升了。无师自通的人并不是不学和不需要老师，而是他的领悟力极强，世间万物都是老师，他求知不拘泥于特定的专业和老师。可惜这类人太少了，普通企业往往招纳不到"不学而知"的人才。

"学而知"是指通过学习前人总结的知识和经验教训，而使自己进步。我们从小到大在学校里读书，就是"学而知"的方式。大学毕业了或者留学回来了，说是"学成归来"，这句话是不对的。人活一辈子，就要学一辈子，学习不限于学校，也不限于年龄。

"困而知"是指遇到了困难、挫折，才知道什么是对的，就是吃一堑，长一智。"困而知"的代价通常比较高，但是很多事情你只有亲身经历了，才能有长进，光靠学是不行的。例如，恋爱，世上已经有无数关于恋爱的著作、电影，但是纸上谈兵没有用，只能"困而知"或者"困而不知"。

"困而不知"有两种状况：要么悟性太低，要么骄傲自满。不少企业误以为技术水平高的人"能干"，于是提拔他们，让其当领导，这是巨大的误用。大部分企业的技术高手只对技术有悟性，但是对管理没有太多悟性，聪明的技术人才极有可能是很笨的管理者。骄傲的人通常不笨，否则就没有骄傲的资本。人做了一件成功的事情，可以稍微骄傲一下，起到放松心情、提升士气的作用。但是要很快止住，不能一直骄傲下去，否则就看不到危险了。

企业不要奢望"不学而知"，要避免"困而不知"。"学而知"和"困而知"是世上绝大多数企业谋求进步的主要途径。

年轻人的缺点是社会阅历少，等他们成长后，就自然会明白很多道理。年轻人最快的进步方式，就是学习新知识，探索新事物。企业要鼓励年轻人进取，不要怕他们犯小错误，有年长者掌舵，没什么好怕的。

年长者的智力和技能几乎不再提升了，但是不意味着他们就停滞不前了。年长者的优点是社会阅历丰富，通过反省，总结经验教训，也可以取得巨大的进步。

发展才是硬道理，稳定压倒一切。这是在中国经历了多年磨难

后，由许多人共同总结出来的道理，中国因此走上了正确的道路，欣欣向荣。

企业要周期性地开展反省活动，相当于企业的体检。好处如下：

（1）做对了的事情，要提炼后推广。例如，将其转变为工作流程、知识库等，广大员工可以直接学习使用，使企业获益。

（2）及时了解企业面临的各种问题，给出对策，防患于未然。对策不在于是否"高大上"，最重要的是可以执行，能产生效果。

某著名电子企业的管理层召开反省会议，要求大家坦诚地批评和自我批评。某副总被列出7个毛病，必须改进。

他不服气地说："我工作那么多年，哪有这么多毛病！"他当场掏出手机打电话给老婆，让她说句公道话。

他老婆听后痛批："你何止有7个毛病，你浑身上下都是毛病！你再不改进，就病入膏肓了。"

我曾给数百家企业做研发管理咨询，帮助客户组织最多的活动是"缺陷分析总结"，流程见图1-1。

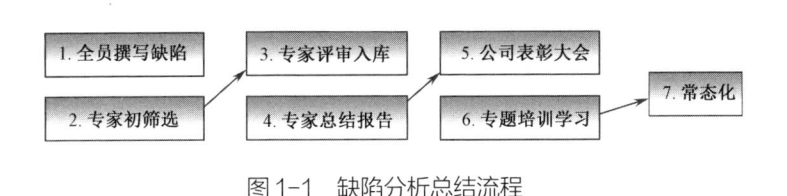

图1-1 缺陷分析总结流程

十年前我曾在某电子企业主持"缺陷分析总结"表彰大会。有600条缺陷被评审后收入知识库，每一条缺陷的提炼者获得100元奖励，当场发了6万元。公司把杰出贡献者的名字印在水杯上，如"缺陷评审明星××"。

有一位部门经理总结了20条缺陷，获得了2000元奖励。在他发表获奖感言时，他给大家深深地鞠躬："我总结的缺陷，都是我犯下的错误。我估算了一下，这些错误导致产品被召回，损失达千万元，我要赎罪。请大家务必认真学习，不能再犯相同的错误。"

"缺陷分析总结"听起来一点儿都不"高大上"，但是意义重大：

人们在研发过程中不断地产生大量相似的缺陷，然后花大量的时间、精力找出缺陷，再消除这些缺陷，这是巨大的生产力浪费。人们犯下的过错，也是企业的知识财富。通过分析大量的缺陷，可以找出规律，使人们避免再犯相同的错误，甚至预防新的错误的产生。这种方法成本最低、使企业进步最快。

1.10 创业不嫌小

可以长久做下去的工作,称为事业。多数人内心渴望从事成功的大事业,获得大回报,无论是否能做得到。

中国已经成为互联网超级大国。不到 20 年的时间,阿里巴巴和腾讯成为世界市值前十的公司,此成就在中国史无前例。中国还有众多市值达数十亿、数百亿美元的互联网企业,它们的成功大大激发了国人的创业热情,创业蓬勃发展。

今天的创业离不开资本助力,善用资本可以帮助企业快速发展。资本方渴望大收益,只对大事业感兴趣。创业者自然会迎合资本方,不管自己究竟有多少实力,创业就要做大事业。

我曾经参加过一些创业大赛,花不少钱参加创业训练营,学习知识,切磋经验。我自己制作过一些创业PPT,也看过很多别人的PPT,大家都在规划上市。

请你介绍业务,如果赚钱不用"亿元"来度量,都羞于启齿,难以坐在创业圈里。比较遗憾的是，近5年我遇到的创业者，没有一个赚了上亿元，亏损上千万元的比比皆是，包括我自己。

创业PPT里面的诸多数据，是创业者自己编出来的，为了编得合乎逻辑，他们和写论文一样绞尽脑汁。我是比较谨慎的，只是把自己的能力放大了十倍。更多胆大无畏的创业者，把自己的能力放大了上百倍。

创业者通常无法回答一个让人心塞的问题：市场很大，与你有什么关系？

实际的创业过程和PPT中的设想差距甚大。无数失败案例说明，企图依靠多次融资，烧钱抢市场，快速做大，上市套现，这条路已经走不通了，因为被"尸体"堵满了。

对于绝大多数普通的创业者而言，要走稳健的创业道路：量力而行，先做小事业，让企业健康成长并自然壮大，很多小事业可能会发展成为巨大的事业。

创业者首先要把心态放平，不要急于求成，时间和机会多得是。

古人云"三十而立"，主要原因是古代人们的平均寿命比较短，干什么都着急。十几岁就要结婚生孩子，三十岁要立业，否则，很快就要躺下去了。

如今国人平均寿命达 80 岁，人们有大把时间、大把机会做事业。

褚时健 74 岁在云南哀牢山承包荒地，创业种橙子，花了十年时间打造品牌"褚橙"，其成为风靡全国的"励志橙"。所以我们不必急于三十而立，四十而立就挺好，五十而立也不晚。

做小事业有很大优势：机会多，成功率高，加速度大。"小"就是优良的种子，有茁壮成长的机会。

一、机会多

只要不发生战争，不发生动乱，老百姓的财富会越来越多，个性化需求也就越来越多，创业机会自然很多。

例如，在餐饮市场上，大多不会出现你死我活的竞争，不会出现"一统天下"的餐饮企业。无数精品小店各做各的，老百姓可以享受各种美食，市场生机勃勃。

人的需求一直都存在，会不断地升级，所以小商机多如牛毛。

二、成功率高

在物理中，压强 = 压力 / 受力面积。即使力量不大，但是作用于微小面积时，压强就很大。温柔的水，当从高压水枪喷出时，可以切割钢板。

在创业初期，人少钱少，如果做大事业，就如蜻蜓点水，怎么都做不好。如果集中力量做小事业，可能做出让客户惊喜的产品，达到高压水枪的效果。

做小事业，竞争对手既不多也不强，没有大鳄来绞杀。公司可以相对安全地成长，成为这个领域的强者乃至领先者。大鳄没有兴趣、没有精力进入小市场，它可能会收购成功的创业公司。

三、加速度大

麻雀虽小，五脏俱全。在做小事业的过程中，创业者得到了全面的锻炼，其能力不断提升、人脉不断扩张、信誉不断积累。在合适的时候，创业者会和更强的人合作，在更大的平台做更大的事业。

一个人讲相声，算是个小事业。组织一群人讲相声，算是个中等的事业。把相声做成了文化产业，那是个大事业。郭德纲在当相声学徒的时候，肯定没有想到未来自己的事业会那么大。

张小龙创业做 Foxmail，算是个小事业。2000 年，Foxmail 以 1200 万元卖给博大公司，后来又被腾讯收购。张小龙在腾讯沉寂数年后，微信横空出世，其成为近十年最成功、影响力最大的产品之一。微信事业相比于 Foxmail，大了何止万倍！

从产品角度讲，Foxmail 和微信一点儿关系都没有。但是张小龙先做 Foxmail 这个小事业，其是做成巨大事业的重要基础。他自己没有预料到，马化腾也没有预料到，但是他们合作成功了。

事业的发展可以有高低起伏，但是要尽可能地避免大起大落。"大起"可能导致妄为，"大落"可能导致毁灭。

如果创业者一开始就去做大事业，则失败风险极大，可能筋疲力尽，甚至债务累累，难以东山再起。

如果创业者先做小事业，可能一个接一个地成功，机会越来越多，当量变引起质变时，会顺理成章地做成功的大事业。

创业既不嫌小也不嫌贫，借用清代诗人袁枚的诗来勉励大家。

《苔》

白日不到处，青春恰自来。

苔花如米小，也学牡丹开。

你在做小事业的时候无法预见大事业是什么，其实更大的事业在耐心地等待你成长。

第 2 章

健康和信用

2.1 健康和信用是一切事业的根基

很多人曾经梦想，年轻的时候艰苦奋斗几年，赚到足够多的钱，功成而退，不再工作，在 30~40 岁过上自由自在的生活。

在现实中，没有一个企业家是这么潇洒的。搜狐曾经是中国领先的互联网企业，创始人张朝阳曾经短暂地潇洒过，传说在互联网行业他很会享受，人们羡慕不已。但是搜狐很快就掉队了，创始人又重新出山奋斗，人们不再羡慕，并引以为戒。

创业不是书本知识的短暂演习，创业要么很快失败，要么是持久战。

几乎所有取得大成就的企业家，都经历过失败。在失败时，可能 90% 以上的人会离开你，没有人对你说好听的话了。在这种环境下，创业者才会理智地、深刻地反思，思考自己错在哪里，为什么犯错，如何更好地与各方（包括投资人、员工、供应链等）合作。经历挫折和失败是企业在发展过程中的必修课。

创业失败不全是沉没成本。能够反思失败、总结经验教训的人，会得到丰富的人生阅历，这是普通工作者得不到的。

失败会让创业者失去钱财、市场和人员等，但这不是致命的，失去的这些都是可以重新获得的。

只要不失去健康和信用，无论你经历何种失败，你总有机会重新站起来。一旦健康和信用受损害，修复的代价非常高，也许永远修复不了，再也没有机会重新来过。

健康和信用是一切事业的根基，也是革命的本钱。中国有句老话"留得青山在，不愁没柴烧"，健康和信用就是人生的青山绿水。创业者要时刻维护健康和信用，这比赚钱重要得多。

2.2 健康的重要性

我第一次研发产品是在 20 岁，第一次创业是在 25 岁，那个时候我没日没夜地干活，一天编程 18 个小时。和所有青年一样，我几乎不会考虑健康这个问题。

我近几年才意识到健康是重大问题。我从事电脑工作数十年，不知不觉得了职业病，颈椎和肩颈出问题了。有一段时间，我的脖子转不了，胳膊抬不起来。我当时十分惊讶，我几乎没有应酬，生活简单，有学生般的心态，我从未意识到自己已经到了中年，有些"零部件"竟然损伤了。所幸没有严重到不可挽救的地步，可以慢慢康复。

我在参加大学毕业 20 周年同学聚会后，带回了班级集体照片。

孩子说：我觉得你的班级照片很奇怪，有一些人像爷爷一样老，不像你的同学。

童言无忌，孩子的话对我触动很大。我仔细观察照片，发现有半数同学的外貌看起来比实际年龄老了十岁。按理说，大学毕业后的生活条件比读书的时候好很多，不应该那么快速地变老。

中年男人原本是"年富力强"的代名词，然而网上却把中年男人形容为"中年油腻男"，这说明在全国范围内，中年男人的精神老化和身体老化非常严重，这是很大的社会隐患。

当今社会，创业机会越来越多，创业者的年龄越来越小。**青年企业家容易出名，也容易快速失败。**统计数据显示，在世界范围内，绝大多数成功的企业领导是中年人。中年人能力强，阅历丰富，不容易犯致命错误。

中国多数优秀企业（或机构）的掌舵人都是中年人或老年人，少数老年人是智慧的集大成者。

钟南山生于 1936 年，2003 年成为抗击非典疫情的英雄（67 岁），2019 年再次成为抗击新冠肺炎疫情的英雄（83 岁），被誉为"国士无双"。

任正非生于 1944 年，47 岁创办华为，执掌华为 30 多年，将其打造为世界领先的通信企业。2019 年，75 岁的任正非成为世界上少数被美国打压而立于不败之地的企业家之一。

这些人成功的先决条件是身体健康。如果身体无法支撑工作，那将是灾难。

曹操在 45 岁时于官渡之战大败袁绍，成为最强诸侯。在 53 岁时遭遇赤壁惨败，军中哀嚎不断，曹操做了一次激情演讲：

"我们这次惨败，败得不冤枉。我们过去的胜利太多了，灭吕布、灭袁术、灭袁绍，可谓一帆风顺。于是我们就骄傲自大了，我竟然没有看出周瑜的离间计和苦肉计，我轻敌上当了，所以打了败仗，但是我们的实力远远超过孙权和刘备。许褚，你不要哭，你损失了三千弟兄，回头我给你三万兵马，下次打个大胜仗。大家笑一笑。"

曹操讲完后，就召来司马懿，问："我刚才说的话是哄将士们的，你说说我们该怎么办？"

司马懿说："赤壁之战的失败，不是战术失败，根本原因是我们现在的实力不足以消灭孙刘联盟。我们要花十年时间富民强军，等待孙刘联盟瓦解，再花十年时间消灭他们。"

曹操称赞司马懿："世上没有第三个人有你这等见解。这次败仗让我意识到统一天下的伟业不是短期能够完成的，我可能活不到那一天了。所以我现在就得为子孙后代考虑，请你当我最聪明的儿子曹冲的老师，辅助他成就伟业。"

曹冲13岁夭折，曹操享年65岁，曹丕享年40岁，曹叡享年仅33岁。曹氏三代皆明主，英才辈出，可惜命短，熬不过司马懿。如果他们长命一些，中国历史可能会截然不同。

2.3　中年健康危机

中年人是家庭和社会的顶梁柱，中国人口真正的危机源于中年群体的衰败，他们的身体和精神正在快速地老化。

中国历来重视孩子的养育，也重视对老人的赡养，但是不太重视中年人的养生。中年人面临巨大的家庭压力和工作压力，上有老下有小，这是客观现实，谁都无法逃避。

中年人的共同挑战是，在压力下保持身体健康和良好的精神状态。

造成中年人身体健康危机的主要原因，一是缺乏养生意识，二是缺乏节制。

我由于缺乏养生意识而不知不觉得了颈椎病和肩颈病，有意识后就会预防和治疗，可以慢慢康复。朋友圈的养生类文章特别多，或多或少能够提高人们的养生意识。

中年人缺乏节制主要表现为烟酒过度、暴饮暴食、过早地肥胖、秃顶，老年人的疾病提早出现在中年人身上。明知损害健康，却不停止，人们还会给自己找借口，说是工作需要、是被迫的。成天忙于酒席的人，其实是在忙于自残或自杀。

如果你特别喜欢烟酒、美食，哪怕伤了身体也觉得值，那另当别论。

如果你被迫接受伤害身体的工作应酬，内心却极不情愿，说明你还没有核心竞争力。你要赶紧打造核心竞争力，去做人生中重要的事情，而不是继续伤害身体。

中年人精神衰败的主要表现：一是焦虑，二是颓废。

一、关于焦虑

我有焦虑症，但是不颓废。我是个没有娱乐活动、很操心的人，无论大事小事都会引发我的焦虑，我一定要把事情处理完毕后才能放下心。

我发现自己将近十年没有斗地主、钓鱼了，我为数不多的业余爱好都被搁置了。我曾是个不显老的人，但是焦虑症对我影响很大，原本茂密的头发变得稀疏了，经常倦容满面，几年时间就明显衰老了。

新冠肺炎疫情，对很多中小企业的打击是致命的。我的公司也不例外，我的幼儿园安全平台和教育产品线颗粒无收。

然而，塞翁失马，焉知非福，疫情竟然让我的焦虑症消失了！

由于企业遭遇了不可抗力，我就不用每天想着"救火"。亏损额我已经算出来了，唯一能做的就是准备一笔钱等到企业复苏。反正每天操心也没有用，我就不再操心了，彻底放下了。

孩子们在家里上网课，反正学不好，又没有老师盯着，我干脆大幅降低要求。原先两个孩子早上6点左右起床，我起得比鸡还早，睡得比狗还晚。在疫情期间，孩子9点才起床，每天多睡了3个小时，明显长高了。

在疫情期间，我史无前例地休息了6个月，我唯一的工作就是看书和写书。不仅焦虑症消失了，而且身体比以前好了，真是意外的收获。焦虑症其实是心病，如果有合适的外因刺激，是可以治愈的。

二、关于颓废

人一旦失去追求，立显颓废。中年本是人生最能创造价值的时期，一旦颓废了，实在可惜。

有些群很糟糕，一大批中年人长年累月地聊天，发八卦文章。我看了心里哀叹，他们打算这样度过余生吗？几十年辛苦学习和工作积攒下来的才能就这么荒废了？

颓废不仅害自己,更糟糕的是它具有传染性。颓废,会形成群体免疫,大家误以为幸福的人生就是这个样子的。

颓废和能力高低没有直接关系。若要挽救一个颓废之人,最重要的是帮他找到有成就感的事情,唤醒他的动力之源。

2.4　信用的重要性

信用，是指自己兑现承诺，从而获得他人的信任。信用是人（或企业）最宝贵的无形资产。

信用是非常严肃的词语，与其含义相近的词语是"靠谱"。信用好的人，容易获得他人的帮助。信用差的人，会陷入孤立无援之境。

中国有句哲言"得道多助，失道寡助"，这里的"道"，包含了"正义"和"信用"。

在三国时期的人物中，刘备的人品是很有争议的。他崇尚仁义，但是他的敌人和盟友都指责他虚情假意，是百年罕见的伪君子。

在对待政治人物方面，刘备的确是没有信用的，不少地盘是靠"坑蒙拐骗抢"得来的。有些事情实在太不仁义了，他就装病或者装作不知道，让手下去干。如偷抢荆州，被盟友嫉恨，最终导致自己失去了荆州。

但是刘备对待老百姓十分仁义,很有信用。

在新野之战中,曹军以优势兵力攻击刘备,刘备守不住,只得从新野逃亡去江夏。两地相距不到 100 千米,本来 3000 人的军队用 3 天就可以到达,但是刘备却带上新野十多万百姓,带着牲畜,让军队断后保护百姓,一天只能走 10 千米。

诸葛亮忧心忡忡,再这么慢腾腾地走下去,很快就会被曹军围歼。

诸葛亮对刘备说:"主公对百姓已经仁至义尽了,为了兴汉大计,请主公先走。曹军的目标是主公,不至于追杀百姓。如果主公不走,那我们真的要亡了。"

刘备说:"百姓是我们的立身之本,如果我不带他们走,即使曹军不杀他们,他们会饿死,也是因我而死。如果今天我抛弃了百姓,将来百姓必定抛弃我。所以今天我和百姓共生死,你们要走请便。"

在这生死关头,刘备用生命来维护信用,后人也歌颂刘备的这一壮举。

诸葛亮彻底臣服了,他终于明白为什么刘备四处逃难却始终无法被消灭,因为百姓支持他。真是野火烧不尽,春风吹又生啊。

刘备一生干过不少虚伪之事,甚至连皇室后裔这么重要的身份也可能是他自己编造出来的。虽然身份无从考证,但是刘备从未失信于百姓，人设从未崩塌，百姓始终把他当作仁义的代表，一直跟随他。

　　信用不是用钱可以买来的，而是依靠人生点滴积攒起来的，你做的每一件事情，都会给你的信用加分或者减分。下文将从4个方面介绍信用。

2.5 钱财信用

人们频繁地使用钱，很容易产生信用问题。如果不及时付钱、还贷，就会产生不良记录，使你的信用分降低。

有很多东西是先消费后扣款的，如水、电、燃气等。也许数额不大，但是种类多，如果你忘记了付款，就会有不良记录。

有一些人使用信用卡消费，超出自己的支付能力，不能及时还款，用多张信用卡相互倒腾，这是非常危险的做法。如果你在多家银行里都有不良记录，意味着你将来无法向任何银行贷款，远比水、电、燃气的欠费严重得多。

如果你向他人借了钱，就要在约定的时间内归还。如果还不了，就要和债权人协商处理。有借有还，再借不难。

对于合同项目，如果乙方的交付物合格，甲方要如约付款给乙方。有一些甲方觉得自己的地位高于乙方，常刁难乙方，出现拖欠行为。

有一种支票叫"承兑汇票"。例如，甲方应当付款20万元给乙方，但是甲方不直接汇款，而是给乙方一张20万元的承兑汇票，6个月以后，乙方可以到银行兑换成钱。表面上，甲方已经如期付款了，没有违约，实际上乙方还要等很长时间才能拿到这笔钱。

如果乙方急着用钱怎么办？乙方只好把承兑汇票贱卖给中介机构，或者向银行缴一笔手续费，提前取出本来就是自己的钱。

在我眼里，甲方使用承兑汇票就是恃强欺弱的行为。我创业20年，收到过承兑汇票4次。

中国企业家史玉柱和罗永浩（相隔20年），都曾经历严重的失败，给供应商和客户造成了巨大的损失。但是两人都没有破产逃避，他们后来赚钱偿还了前面的债，为中国企业界树立了非常好的榜样。

2.6　工作信用

对本职工作认真负责的人，会有很好的工作信用。无论在哪个行业，人们都喜欢认真负责的人。

27 年前，在我读大三的时候，由一位瘦弱的女教师讲授数理统计课程。有一天下大雪，老师迟到了 10 分钟，她跌跌撞撞地冲进教室，不断鞠躬，不断道歉。

她说雪太大，她骑自行车摔倒了几次，所以迟到了，请大家原谅。课上到一半，她突然哭起来，她说自己教书 20 年从来没有迟到过，她的心愿是直到退休都不迟到，想不到愿望破灭了，很难过。

她说出门时已经比平常提前了半小时，但是没有估计到路上会摔倒几次。自己教数理统计课程很多年了，却没有估算好上班时间，说明自己的业务水平还不够高，还要改进。同学们感动得一塌糊涂。

一位教模拟电路课程的老师，他的腿残疾了，走路比较慢。为了不迟到，他总是提前 10 分钟到教室，一个人默默地躲在角落闭目养神，但一上课立马生龙活虎，课堂45分钟从不浪费一分钟。虽然模拟电路这门课是全校同学的噩梦，不及格率远远高于高等数学，但同学们回忆起来，在心有余悸的同时，仍会怀念这位好老师。

我在大学里遇到很多平凡的、敬业的老师，他们通过言传身教，在潜移默化中影响着大家。我20多年来一直记得他们，也努力让自己成为有良好工作信用的人。

2.7　口头信用

口头信用是指履行口头承诺。由于是口头，无凭无据，更显信用之重要。

哪怕不涉及钱财，你拍拍胸脯答应别人的事情，一定要准时去做，否则会失信于人。我最怕参加饭局酒席，因为不知道他人的承诺是真是假。像我这类工程师出身的创业者，说话很谨慎，若有八分力量只敢说六分，不敢失信。

2002 年春季，上海贝尔去某名牌大学招聘应届毕业生，我是技术组负责人。有一位化工系女生，年年都是优秀大学生，我看了她的论文，也评测了她的计算机应用水平，她在应聘者里综合分数排第一。我和几位同事都觉得她非常好，我当时认为她一定会被公司录取，就说了一句"恭喜你被录取了"。当时，女生能够进上海贝尔是很幸福的事情。

然而第二天，人力资源部发来的录取通知书上没有这位女生的名字。我赶紧打电话询问是否遗漏了，结果被告知她的专业不对口，所以没有录取。

我申辩说，她年年都是优秀大学生，她的综合分数排第一，到公司后适应一段时间就会发挥价值。

人力资源部答复：优秀大学生我们见多了，难道每个都要？专业不对口，我们不要。

我很内疚地给那位学生打电话，向她道歉。我听到她在电话里哭泣，她说昨天晚上亲朋好友给她开了庆祝会，我的电话就是晴天霹雳。

我在没有绝对把握的情况下说了大话，承诺没有兑现，伤害了她，20年来我一直记得自己的过失。

即便不涉及别人，讲了自己的计划，也要去做。我有个朋友，很有见识，经常高谈阔论，一年有十几个宏伟的想法，但总是只说不干，或者开了头就放弃了。久而久之，再也没有人把他的话当回事了。

"吹牛皮不犯法"，这是坑人的话。**吹牛皮会损害信用，会对未来造成不可预测的伤害。**

2.8　规则信用

但凡有规则，就会冒出无数破解规则的办法。人们把智慧用于钻规则的漏洞，这是一种错误的做法。

中国有个成语故事叫《田忌赛马》。讲的是战国时期，齐国大将军田忌和齐威王赛马。比赛规则是，上等马比上等马，中等马比中等马，下等马比下等马，三局两胜。这个规则很公平，现代的拳击比赛、举重比赛，都是要划分等级的。结果田忌比赛败了，输了一些钱，垂头丧气。

孙膑给田忌出主意，用下等马比上等马，用上等马比中等马，用中等马比下等马。结果输一局，赢两局，田忌获胜。

这个故事流传了上千年，无数人把《田忌赛马》当作智慧的案例来教育孩子。人们赞扬孙膑聪明，让孩子在遇到困难的时候，向孙膑学习，动脑筋找到巧妙的办法。

不过，我和很多企业家有一个共同的认知，我们认为"田忌赛马"是"破坏规则"的典范，不应该宣扬。

任正非说，国际竞争归根结底比拼的是教育。树立信用，要从小学生抓起。

当我儿子学习课文《田忌赛马》后做作业的时候，我郑重其事地和儿子谈话，告诉他《田忌赛马》中的做法并不值得提倡，人们不应该把聪明才智用于使诈、破坏规则。儿子虽然不能深刻地理解这其中蕴含的道理，但还是记住了。

中国国力不断提升，世界范围内的竞争者越来越多，我们要把信用短板补好，赢得消费者的信任和竞争者的尊重。

我从读大学至今一直用心建立信用，因此获得了很多机会和帮助。在创业失败的时候我承担了最多的责任，宁亏自己，少亏他人。给他人造成的损失，会在将来弥补，史玉柱和罗永浩是我的榜样。我创业数次遇到危急，朋友二话不说数次提供大额资助，出于信任，都不让我写借条。

健康和信用是创业根基，我有20余年的真切体会，反复强调其重要性都不为过。

第 3 章

做对的事情

3.1　有所为，有所不为

企业经营过程中的诸多工作都是围绕两个"对"展开的：做对的事情（Do Right Things），即正确决策；把事情做对（Do Things Right），即正确执行。

著名企业家段永平对两个正确（Right）有非常精辟的论述：我们企业所有的成功，都来自本分+平常心。平常心，就是Rational（理性），就是回到事物的本原，就是"做对的事情，并且把事情做对"。

而做对的事情，要落实在不做不对的事情上，即Stop Doing List（停止清单）。对的事情要坚持做，错的事情一定要尽快停止。至于怎么把事情做对，那是方法层面的事情，可以通过不断学习来落实。

我无法告诉你什么是对的，什么是错的。Stop Doing List没有捷径，要靠自己去积累，去攒，去体悟。我们公司的成功不是偶然的，坚持自己的 Stop Doing List，筛选合伙人，筛选供货商，慢慢地就会攒下好圈子，长期来看很有价值。

做对的事情，不做不对的事情，就是"有所为，有所不为"，在任何时候和任何环节，这都是第一重要的。

很多创业者的初心是好的，想着为客户创造价值，为社会做贡献，满腔热情，干劲十足。但是产品可能不符合客户的需求，或者商业模式比较差，很难赚到钱。办企业长期赚不到钱就是错的，错了就得停止。

我们从小到大，被老师和家长教育"坚持就是胜利"，这句格言牢牢地植入脑海。对于学习而言，"坚持就是胜利"大概率是正确的，因为坚持学习比放弃学习好，更能接近于胜利（如考试成绩更好）。

然而对于企业而言，"坚持就是胜利"是很危险的口号。如果某件事情是不对的，却坚持做下去，损失就会越来越大。这个时候，坚持不是胜利，而是加速失败，甚至导致无法翻身。

美国管理学大师德鲁克有句名言：**世界上最没有效率的事，就是用最高效率去做本来就不该做的事情。**其对应的中国成语是"南辕北辙"——如果道路是错误的，马跑得越快，钱花得越多，离正确的目标就越远。

3.2 判断"对不对和值不值"

有些事情很容易判断"对不对"，创业者一开始就要坚持做对的事，哪怕很苦，还要抵制诱惑。

有一些事情，根据法律法规或常识经验来判断，不可以做。例如，假冒伪劣，过度干扰用户，损害合作伙伴，等等。明知错误的事情却去做了，这是控制不住贪欲所致，结果毫无疑问是失败的。

如吸烟有害健康，你已经知道吸烟是不对的，那就不要吸烟。但是你经不起烟的诱惑，这是明知故犯。

还有很多事情在刚开始的时候无法判断是对是错，在做的过程中发现了问题。做着做着，感觉很不对劲，和预期相差甚远。这个时候，需要重新决策。

创业者并不总是理智的，对于正能量的创业，哪怕面临失败，内心都觉得是对的，而且会悲情地坚持下去。

创业者不容易接受"自己的奋斗是错的"，但是比较容易接受婉转的说法：这件事情原本是有意义的（对的），但是现在不值得做了，所以要停止。

换一种说法，在过程中判断"对不对"，实际上就是判断"值不值得继续做"。"值得"就是"对"，"不值得"就是"错"。

如何判断某件事情值不值得继续做？

首先，在合理的时间段内，分析付出的代价和获得的收益，思考值不值。这里"合理的时间段"很重要，如果时间太短，成败得失的论据还不够，不足以支撑决策。时间太长也不行，利益相关人员等不起。

其次，分析机会成本。机会成本是非常重要的经济学术语，为了做 A，而失去了 B，那么 B 就是 A 的机会成本。我们并不能因为 A 亏损就放弃 A，也不能因为 A 盈利就坚持做 A，如果出现了更好的 B，我们可以放弃 A 而选择 B。

任正非强调，有所为，必须有所不为。在华为的发展过程中，"不为"是根据形势改变的。对于现在的华为而言，无法在世界范围内领先的产品，就要早点放弃。放弃某些事情，才能集中力量做更重要的事情。

最后，决策者要对自己的心灵进行拷问：如果现在的你穿越回刚开始，你还愿不愿意做这件事情？

决策是没有标准答案的，甚至在不同时间有不同的答案。如果你回答"愿意"，那就用心把事情做对；如果你回答"不愿意"，那就终止你认为不值得的事情，做好善后工作。

3.3　断舍离

创业者发觉自己奋斗过的事业是不对的，不值得继续做下去，毫无疑问是难过的、心痛的、沮丧的。那么多损失该怎么办？那么多员工该怎么办？

每个创业者都要承担决策错误的后果，理智的做法，就是"断舍离"。

《断舍离》是日本作家山下英子的畅销著作。"断舍离"原本用于处置家庭物品，提倡舍弃无用的、低价值的东西，从而提高生活品质。"断舍离"是很接地气的人生哲理，凡是被事业折腾过的人阅读《断舍离》都会有所感慨，有所收获。

演员陈数写了推荐文章《做物质的减法，精神的加法》，用"断舍离"的方法，使自己的演艺事业发展得更好。

当然也有人花钱上了"断舍离"的课程，当时感悟良多，过后却什么也没做。

创业"断舍离",不是溃败逃跑,而是负责任、有计划地撤退。

第一步:断。

是指立即停止,不再继续做不对的事情,避免继续损失。如停止继续研发,停止继续生产。就如一个人受伤,首先要做的是止血,至于如何康复,那是后面需要考虑的事情。

中国有个成语叫"关门大吉"。明明是生意失败了导致关门,为什么说是"大吉"呢?因为在失败的时候,"关门"就是止损,"不关门"会继续亏损,所以"关门"比"不关门"更好,是"大吉"。

这个成语蕴含大智慧。

第二步:舍。

是指舍弃大量无用的、低价值的东西,只保留少量还有价值的东西。这一步是很痛的,要处置贬值了的物品,可能要裁员。

别保留没有用的东西,不要企图废物利用,因为你在利用废物的过程中又产生了更大的损失。

第三步:离。

是指离开不对的事情,去做新的、对的事情,就是放下包袱,轻装前进。这个过程可能比较漫长,只有先离开旧事,才有精力总结经验教训，才可能开辟新的事业。

断和舍的过程是痛苦的，这个时候最能反映决策者的品质和能力。要尽可能做到合情合理，既要减少自己的损失，也要减少合作者的损失，**体现责任和信用**。如果"断"和"舍"做得不好，就不可能"放心地离开"。

3.4 肺腑之言

有位杰出校友是企业家，他对我讲了关于失败和止损的肺腑之言，我整理后和大家共享。

……由于我们的企业做得很成功，朋友很羡慕，经常请我去给他们的企业做诊断。我看了太多的相似案例，90%的情况，我只给出一个忠告：赶紧停止正在做的事情。实践证明，凡是及时停止的企业，最终都活过来了。没有停止的企业，一般会死得很惨。我现在成为"叫停"专家了。

为什么说创业是"九死一生"呢？这不是乱说话吓唬人，而是经过大量创业实践得出的结论，说明有90%的企业做错了事情，"死"掉了。剩余10%的企业，做对了事情或者停止了错误的事情，活下来了。

我自己的企业也经常出错，我一旦发现错误，做的第一件事情就是赶紧停止。之后，再让相关部门汇报具体的损失，想办法解决问题。

为什么不是先评估损失呢？因为一旦评估了损失，你就患得患失，舍不得停了，总想着捞回成本，这是人们性格上普遍存在的缺点。所以企业家必须对错误的事情下狠心，不管多痛，多么舍不得，必须先停止。**停了，你就断了挽救错误的念头，才能让头脑清醒，回到对的事情上。** 如果你不笨不懒，那么总有机会成功。

我在企业里不宣扬"有所为"，因为人人都想着"有所为"。如果企业领导宣扬"有所为"，就会导致很多人不分对错地干，那么企业就在不停地"放火"和"救火"。

我最重要的职责是坚持"有所不为"，就像一名驾校的教练。学员学开车，会犯各种错误，教练坐在旁边负责刹车。学员开快一点、开慢一点其实都不要紧，如果犯错了不刹车，则要命。

我和这位校友企业家每年都会见面，探讨企业问题，交流心得体会，我受到很大的启发。我自己也犯过重大错误，也经历过断、舍、离的痛。感悟良多，我在此做个小结：

世上并不存在天生的伟大战略家，绝大多数正确的决策来自对失败的深刻反思。

我们努力去做自己认为对的事情，后来发现不对了，及时"断舍离"，这不丢脸。人在错误的道路上，再努力、再坚持，只会加重失败的代价。回到对的道路上，胜利是迟早的事情。

第 4 章

把事情做对

4.1 何为把事情做对

创业者选定了自己认为对的事情，接下来就是做事，做好平凡琐碎的日常工作，努力实现目标。

把事情做对，这句话比较抽象，我用更加具体的一句话来表达：**把事情做对，是指在预定的时间和成本之内，完成质量合格的任务。**

质量、成本和时间（或效率），是衡量工作对错、好坏的三个要素。在不同的形势下，三个要素的重要性是不一样的，决策者要权衡三个要素。

要把事情做对，我认为需要具备三个必要条件：认真负责的态度、合格的技能、合适的管理方法。

4.2 认真负责的态度

办企业并不是"惊天地、泣鬼神"的事情，普通人也可以创业。做事的态度，只要求认真负责（普通人做得到），并不强求百折不挠（普通人大多做不到）。

很多人还没有到竞争阶段，就"栽倒"在态度上。

我认识一个年轻人，他想创业，想开个早餐店，解决上班族吃不到早餐的问题。这个需求真实存在，创业难度也不高。

他估算了租金、食材成本和收益。如果一个人先干半年，能赚10万元。之后再招几个店员，一年能赚几十万元，自己轻轻松松当个小老板。与家人合计了一下，觉得这生意可以做，自己出得起启动资金，风险不高，于是决定干。他干了3个月，就关门大吉了。原因很搞笑，他贪睡，比客人起得晚，没法卖早餐。

不少企业承接客户项目，难度不高，盈利模式简单明了，合同款减去项目成本，就是利润。在签订合同的时候，已经分析了成本效益，做了正确的决策。但是由于团队工作效率低、产品质量差，反复修改，不断延期，导致原本可以盈利的项目亏本了，使得双方都遭受损失。

IT 行业盛行加班，很多员工都有怨言。但是多数加班不是由于老板太狠，而是由于员工没有把本职工作做好，产品中存在很多问题，使得进度远远落后，加班其实是在补救。

小事情的失败，并不是因为难度太高，大多是不认真负责导致的。

认真负责的人，在工作过程中会有很大的收获，如提升了能力，积累了经验。他展示了认真负责的态度，别人都看得到。于是他赢得了好口碑，树立了信用，谁都喜欢和认真负责的人合作共事。领导欣赏他，同事欣赏他，客户欣赏他，这些积累将使他以后做得更好，取得更大的成就。

电视剧《安家》里的店长"徐姑姑"，并没有展现出过人的才华，也没有一味想着升职。他以多年认真负责的态度，赢得了客户的信任，最后他成功逆袭，击败了阴险的集团领导，自己和伙伴一起成功创业。

郭德纲对认真做了精辟的总结：认真干，能干成"一哥"；不认真干，最多干成一哥们儿。

4.3　合格的技能

如果技能不合格，要么做不出产品，要么做出的产品质量很差，重做或改造的机会成本非常高。即使抓住了需求，做不好也没有用。

技能是让企业生存和发展的硬功夫，合格的技能无可置疑是必要条件。

业界普遍认为，一个高水平工程师的价值高于 5 个普通工程师（工资可能只高一倍）。然而普通企业不可能聚集很多高水平工程师，高水平和普通水平的工程师都要用。

企业在发展过程中，要力争全员技能合格，还要有几个技能很强的人。由强人带领普通人干活：

（1）创业团队至少有一位技术很强的成员。当遇到技术障碍的时候，他能够主动找到解决方案。在招聘员工时，他能够判断应聘者的技能是否真正合格。当他带领团队开发产品的时候，即使他不善于管理，别人也会服从他的安排，这叫"以技服人"。

（2）某些新员工（如应届毕业生），入职的时候可能技能不合格，要在试用期内培养他。如果合格了，那么对员工和企业都是好事情，员工心存感激，企业也能放心。如果培养不出来，要么辞退，要么让他去做不涉及技术的工种。

有一位软件项目经理审阅新人的代码，他打开一个源文件，看一眼就发现有几处无法理解的地方，于是把新人叫来询问。

问：变量 long_rice 是什么意思？

答：长度的单位是"米"。

问：变量 noquan 是什么意思？

答：没有权限。

问：函数 hair 是什么意思？

答：发送消息的"发"。

项目经理顿时崩溃。

如果团队有 10 个人，哪怕只有一个人技能不合格，也会不断地延误整体进度，他的错误甚至可能毁了其他 9 个人的成果。**技能不合格的人，所带来的损失远远大于贡献。**

（3）一个人过去技能合格，并不表示以后一直合格。技术革新很快，即便是高手，也要不断地学习，不仅要让自己合格，还要有能力指导别人。

4.4 合适的管理方法

凡是需要团队工作的领域，如研发、生产、销售、服务，都需要管理。如果没有好的管理，人一多就乱了。**人多力量大的前提条件是有合适的管理方法。**

前人积累了很多知识经验，出版了很多管理著作。一般来说，管理者足以理解常规的管理方法。多数人认为，情商高的人更容易做好管理，尽管如此，我不赞同把管理和情商紧密挂钩。我本人的情商远低于智商，但是并不妨碍我成为优秀的研发管理咨询师。

企业并不需要完美的管理方法，因为很难实施；也不用追求极简的管理方法，因为很可能失控。

合适的管理方法是指：**基于必要流程的条目化管理，让所有参与者都理解并执行。**

我解释一下这句话的含义：

（1）所谓流程（Procedure），是指某项工作的操作步骤和规则。如果按照流程来操作，通常会顺利地得到期望的成果，如果不按照流程来操作，通常会失败。

例如，做面包，你可能认为是小菜一碟，看一下视频就会做。如果你不按照流程来做面包，你做 N 次就会失败 N 次，我就有多次失败的亲身体验。面包的配料和发酵的时间都是有讲究的，不可以随心所欲，否则面包会很难吃。

在软件企业里，有些人以为测试没有多少技术含量，随便找个人都能做。实际上，测试是要遵循流程的：设计测试用例—执行测试用例—报告缺陷—消除缺陷—验证关闭。凭感觉乱测试，那是无用功。不遵循测试流程，就无法保证软件的质量。

（2）所谓必要，是指不能再少了。在创业初期，能省则省，能简化则简化。但是不能缺少必要的流程，否则做不出好产品。

中国有句老话"再穷不能穷教育"，教育是整个国家最必要的东西之一，永远不可省略。

企业管理，是建立在必要流程之上，而不是基于领导人的英明。

（3）所谓条目化管理，就是把整体事务拆分为一条一条的记录（Item），每一条都要清晰说明做什么事情，责任人是谁，这样就不会出现只说不做、无法追责的现象。条目化管理是落实流程的最有效手段。

例如，领导要求项目经理在 3 个月内完成所有开发任务，这个过程是不可控的。如果仅凭一句话，领导等 3 个月再来检查，那么结果可能会让他吓一跳，因为没有人说得清楚项目的实际进展情况。

合适的任务管理方法是：项目经理先把整体分解为 N 个任务，每一个任务都说明内容和计划起止日期，将其分配给合适的成员。随着项目的开展，每一个任务都有计划进度和实际进度，这样大家就能看得清清楚楚，见图 4-1。

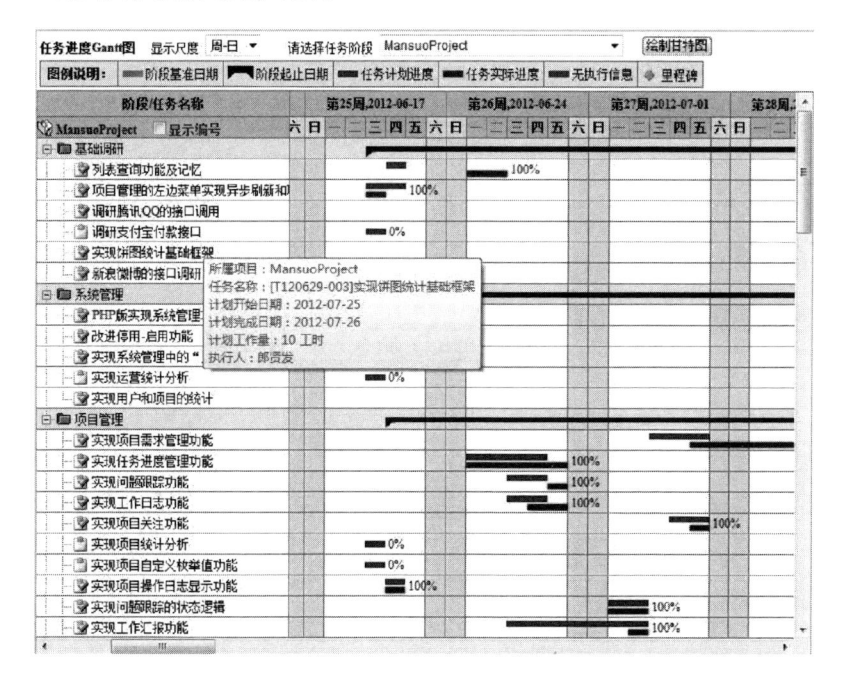

图 4-1 项目任务的条目化管理示例

（4）让所有参与者都理解并执行。在制定了必要的流程之后，还要进行流程培训。对于关键步骤要解释清楚"为什么这么做"，要让所有参与者都理解流程。如果他们不理解流程，可能会把流程当作额外的负担来看待。

我给某企业做研发流程培训，强调开发工程师完成任务之后，首先要自己测试，没有问题后再交给测试部门，目的是提高整个团队的工作效率。

技术总监听了马上说："林老师说得对，有些人总是不做自我测试，今天马上改进。"

有位开发工程师不服气地说："我们的开发任务很多、很急迫，来不及自己测试了。公司有测试部门，他们做测试比我们更细致，否则招聘测试人员干什么用？"

技术总监听了暴怒，训斥道："你大便后难道不应该自己擦屁股？难道总让别人为你擦屁股？"

众人大笑，皆服！我在研发管理领域"行医"十多年，没有比这个比喻更加贴切的了。

流程制定者还要找到配套的软件工具，把流程固化在工具里面，大幅提高管理效率。

第 5 章

商业模式常识

5.1 基本概念

通俗地讲，商业模式是指某种生意是如何成功地做起来的，而盈利模式是指如何赚到钱。盈利模式是商业模式的核心组成部分，通常也是创业者和投资者最关心的内容。

过去，商业模式普遍很简单，就是买卖。卖的人提供商品，买的人付钱，商业逻辑很容易看明白。这样简单的商业模式延续了上千年。

自从互联网在全世界普及之后，特别是移动互联网的广泛应用，让老百姓的生活方式发生了很大的变化，激发了商业模式的创新。2000年之后，与互联网结合的商业模式变得很复杂，很多人看不明白企业是如何盈利的。

互联网上的大多数软件都是免费的，如搜索、杀毒、输入法、社交、导航软件等。企业花巨资研发了软件，却让用户免费使用，那企业是怎么赚钱的呢？

有些平台甚至给用户倒贴钱，每年亏损数十亿元、数百亿元，但是市值却越来越高，这是怎么回事？

普通人看不懂，就当看热闹。但是创业者必须理解商业模式中的逻辑，并且要学会设计自己的商业模式。

商业模式的核心内容有两点：（1）为消费者创造价值；（2）把价值转换成利益，即盈利模式。

在创业初期，创业者可以不明白第 2 点，但是必须明白第 1 点。创业者努力把第 1 点做好了，即使你自己想不出好的盈利模式，也会有合作者帮你设计盈利模式。

也就是说，如果你真的为消费者创造了价值，你就有机会得到回报。但是如果你没有为消费者创造价值，那么别谈如何盈利。生意的本质是合作共赢，只有先利他，才能利己。

本书对商业模式的定义如下：**商业模式是企业经营战略的形式化表述，是为消费者创造价值，并且把价值转化为企业利益的战略方案。**

形式化表达是指用特定格式的图形和表格，来阐述商业模式中的所有构成要素。这种格式便于厘清商业逻辑，以及论证可行性。

形式化表达的好处是，避免把商业模式抽象为哲学，避免天马行空地讲故事。成功人士喜欢讲哲学和故事，仰慕者急于求成，也喜欢听成功人士的故事，但是很难执行。

形式化表达只关心论点、论据和逻辑，看起来很枯燥乏味，却是最有效的方法。

商业模式是具有严谨逻辑的战略方案。企业全员在既定的、清晰的商业模式下，制订各种计划，开展具体的行动，实现各种目标。

如果商业模式的逻辑不通，或者无法验证每个要素，那么商业模式就存在重大缺陷。

有关商业模式的一些概念如下：

（1）商业模式不能被任何人独占，不能申请专利或著作权保护。

（2）成功的商业模式不是商业机密。即便你是第一个设计商业模式的人，只能在短暂的时间内保密。一旦商业模式获得成功，别人很快就会套用这种模式。事实上，一些大企业就是要等到前人验证商业模式之后，才大举出击。

（3）适合你的商业模式不一定适合他人，适合他人的商业模式不一定适合你。

（4）选择或设计好的商业模式，比勤劳更加重要。

（5）商业模式不是静止不变的。即便曾经成功过，也不能墨守成规，否则很可能会被新生事物颠覆了。企业要根据消费者和供应链的改变，而不断地改进商业模式，与时俱进。

5.2　致富主要靠商业模式

中国有句老话叫"勤劳致富",这句话有一定的道理,但是不完全正确。致富和商业模式有极大的关系:

(1)如果商业模式很差,则无论多么勤劳,都不可能致富。

(2)如果商业模式不好不坏,则勤劳可以赚到小钱。

(3)如果商业模式很好,则勤劳能够赚大钱。

农民种粮食,从播下种子到收割粮食,长达半年时间。收割之后又归零,每一年都是从零开始做起,没有积累。粮食产量不仅和气候密切相关,还受制于他人。你家的农田清除了害虫和野草,但是隔壁的农田没有,你等于白做了。个体户种粮食这种商业模式较差。

在20世纪80年代,浙江每个农民只有三分良田,平均一户人家只有一亩地,种粮食的成本高于收益。为什么浙江农民在全国做生意，四处奔波呢？因为在家务农无法脱贫。

个体户几乎无法靠种粮食赚钱，但是农场模式可以赚钱。农场（相当于企业）统一管理大量的农田，机械化作业能够大幅降低成本。中国人口多，良田少，只有少数省份可以采用农场模式种粮食。

农民种果树是比种粮食稍微好一点儿的商业模式。把果苗培养成果树，这期间付出的代价比较高，是净亏损。等到果树长大后，年年结果，这时就有了收益。维护果树的难度和成本，要远远低于种粮食。

褚时健70多岁再创业，承包2000多亩荒山种橙子。他花了十年时间，使褚橙获得成功。褚时健没有去种粮食，而是种橙子，是有商业道理的。

我的老家是浙江黄岩，那里盛产橘子，有"黄岩蜜橘"的美誉。20世纪八九十年代，大量农民种橘子，山上、农田、宅基地到处都是橘子树。农民靠种橘子快速脱贫（还谈不上致富），家家户户盖了楼房，这是我目睹的经济成就。

但是好景不长，2000年之后，由于人工费和运费大幅上涨，种橘子已经没有利润了。于是奇特的景象出现了，秋冬季节，无数橘子挂在树上没有人采摘，烂掉了。橘子树没有人维护了，杂草丛生，自生自灭。我眼睁睁看着"黄岩蜜橘"陨落了。如果没有更好的商业模式，再过十多年，"黄岩蜜橘"可能就会消亡。

农民经常会处于相对弱势地位。一方面，农产品在销售和物流环节，大幅增加了成本，最终到达消费者手上的价格可能比农民销售的价格贵很多倍，但是农民只能得到微利。另一方面，农民很难及时获得市场供需信息。在供大于求时，使劲地增加产量，导致丰收的时候卖不出去。在供小于求的时，却减产了，导致价格上涨却没有东西可卖。在这种情形之下，农民再勤奋也无法致富。

如今"互联网+农业"革新了商业模式，改变了农民的命运。买方和卖方通过互联网了解真实的供需信息，直接交易，省去了经销商环节，交易成本大幅降低。例如，农民用视频直播展示商品，顾客在网上下单，商品便捷送达。农民只要用心把农产品做好，诚信做生意，赚钱比外出打工更容易。

过去，赚大钱主要靠垄断和信息不对称。而在互联网普及的时代，普通人也可以快速获得丰富的信息，信息鸿沟已经被抹平了。

2016年，中国两家互联网企业阿里巴巴和腾讯，首次成为世界前十大市值企业。这两家企业在不到二十年内取得如此成就，在中国商业史上史无前例。还有不少企业，不过十年左右的时间，市值就超过了百亿美元，如美团、滴滴出行、顺丰、拼多多、抖音、小米等。

这些企业快速地取得巨大的成就，绝非靠运气和勤劳，最主要的是拥有卓越的商业模式和竞争力。

当今时代，赚小钱靠勤劳，赚大钱主要靠好的商业模式。

5.3　发现并解决供需矛盾

商业模式的价值在于：**发现供需矛盾，解决供需矛盾，努力创造最大价值，最终使所有参与者获得期望的收益。**

如果商业模式比较差，那就创造不了最大价值，无法使所有参与者获得期望的收益。只要供需矛盾还存在，差的模式就会被更好的模式取代。

这里的"供需矛盾"是指：消费者或供给者，只要一方没有获得期望的收益，就存在矛盾。

产生矛盾的原因多种多样。例如，消费者有某种需求，但是市场上还没有匹配需求的产品；或者已经有了匹配需求的产品，但是没有好的渠道促进交易。

如果没有供需矛盾，则说明市场里的需求和供给已经很成熟了，多一家或少一家企业丝毫不影响市场。如果新手加入这个市场，至多是添砖加瓦，只能靠勤劳赚小钱，甚至连小钱都赚不到。

人们吃饭和买生活用品，这是长期存在的需求。世上已经有无数饭店和商店了，你开一个小饭馆或小卖部，对行业影响不大，创业门槛较低。我家附近几条街上的商铺，每年不断地装修，因为不断地倒闭，所以不断地开新店。开店的人大多数亏了，能够赚到小钱的是房东和装修公司而已。

人要吃饭，这是需求。吃不到健康的饭菜，这是矛盾。人买东西，这是需求。不能方便地买到东西，这是矛盾。人要有居住的地方，这是需求。但是买不起房子，这是矛盾。农民有很好的农产品，但是卖不出去，这是矛盾。

也许读者会问：矛盾不就是痛点吗？

两者有关系，但是不一样。

痛不痛，痛多久，这是人的主观感觉。而矛盾则是客观事实。很多时候，矛盾一直存在，但是人没有意识到。

例如，中青年的亚健康，很多人都意识不到，但是亚健康长期存在，是严重的社会问题。

不痛，并不表示没有矛盾。解决了矛盾，不仅让感到痛的人受益，也惠及那些不痛的人。

例如，支付宝和微信，解决了收付款不方便的矛盾。但是在钱这件事情上，绝大多数老百姓的痛点不在于方不方便，而在于缺钱。

所以说，如果只关注痛点，就可能会忽视那些不痛的矛盾，失去商机。

痛，是矛盾的一些具体表现，并没有直接揭示矛盾。如果发现了痛，则要进一步研究真正的矛盾是什么，为什么会产生矛盾。

过去有一些农民经常头痛，他们的病不一定就在头上，极有可能是脚指头溃烂发炎，炎症导致了头痛。脚指头经常溃烂发炎，是因为农民经常赤脚下田劳动。真正的矛盾可能是，农民买不到适合劳动的鞋子。解决方案不是吃药，而是给农民提供适合劳动的鞋子，大家是不是很吃惊？

有一些痛点，是很轻微的矛盾，不构成有效的需求。例如，小孩子的需求没有得到满足，就会哭，似乎到处都是痛点，但是哭一会儿就笑了。我们不能简单地用时间长短来判断痛点的有效性。有些孩子在家里哭个不停，连续哭一小时以上，第二天继续哭，让家长焦虑不安。然而孩子一去学校，就不哭了，这是"伪痛点"，无须解决。

只要存在供需矛盾，就存在商机。还没有意识到痛的供需矛盾，通常是蓝海市场。能够用新的手段解决供需矛盾，叫作商业模式创新。

商机不分高低贵贱，千万不要歧视低端行业及其消费者。很多创新的商业模式，是在毫不起眼的低端市场做起来的，并获得了巨大的成功。

我们先讨论淘宝。

很多小商品，消费者有真实的需求，但是供给者却无法开实体店进行销售。因为开实体店的成本太高了，供给者入不敷出。如果供给者无法开店，反过来又导致消费者不方便买到小商品。超市解决不了这个矛盾，因为不可能把所有的小商品都集中到超市里面。

每年六一儿童节，很多幼儿园和小学都有演出。演出服装是个性化的一次性产品，用完就扔了。需求旺季是 5 月，需求量很大，但是过了 5 月就没有这种需求了。

几乎没有人开"六一儿童节服饰"实体店。原因很简单，一年闲置 11 个月，谁都无法接受。反过来讲，没有实体店，家长到哪里去买儿童演出服装呢？供需矛盾就产生了。

淘宝最初解决了小店主的痛，小店主开不起实体店，但是很容易开网店。成千上万的小网店开起来了，吸引了无数的消费者。凡是在实体店里找不到的小玩意儿，你都可以在淘宝上找到很多供给者。用手机在淘宝上购买小商品，不到一分钟就搞定了，既便宜，又方便，市场像滚雪球一样越滚越大。如今淘宝有了千万家网店，有众多消费者。

淘宝的价值在于：让小店主很容易开店，大幅降低了经营成本，并且提高了消费者的购物效率（比逛实体店方便得多），为供需双方创造了最大价值（暂时没有更好的模式）。

我们再讨论快递业。

老百姓熟知的快递业上市公司有顺丰、中通、韵达、圆通、申通、德邦等。这些快递公司在创业之初十分卑微，甚至很凄惨。读者若有兴趣，可以观看励志电视剧《在远方》，其讲的是快递公司的创业历程。

早前，快递业务大多由中国邮政经营。但是中国邮政的效率较低，将一份文件从杭州送到上海耗时较长。而私人快递公司送快递，耗时较短。

快递业的供需矛盾很明显：消费者有强烈的快递需求，仅依靠中国邮政，效率较低，虽然可靠，但是无法满足速度需求。私人快递公司，解决了效率问题。消费者强烈希望和私人快递公司合作。

得益于改革开放，很多民营企业开始经营快递业务。中国快递业发展迅速，不到 20 年时间，就打造了速度快、高品质的快递业。一个两千克的快递，从旧金山送到纽约要用 3~5 天，费用约为 130 美元，如果在周末送达则约为 148 美元。而在中国，速度快一倍，价格只有 1/5，性价比非常高。

我在看电视剧《在远方》时，多次掉泪，剧中的人物创业比我自己创业艰苦多了。谁能够想象得到，浙江省桐庐县只有约40万人，却是四家快递上市公司"三通一达"的发源地。这些草根创业者多么伟大。

很多年前，我收看了浙江卫视一期高规格的创业节目，评审专家是一批功成名就的企业家。

有一位创业者是农民企业家，卖五金件和摩托车起家，他叫李书福，他的梦想是制造普通家庭都能买得起的轿车。

当时轿车市场的供需矛盾是：造车的多是国企和合资企业，轿车很贵。普通老百姓需要轿车，但是买不起。

李书福认为轿车就是把几张沙发放在4个轮子上，没什么了不起的。民营企业也能造车，可以做得物美价廉。

一位评审专家对李书福说："轿车是高技术、大资金的产业，不是你这样的人可以干的。我建议你还是回家老老实实造摩托车、卖摩托车吧。"

评审专家和嘉宾哄堂大笑。李书福憨憨地赔笑："恳请大家给我一次犯错的机会。"

后来，李书福创造的价值非常大，如果他听从了专家的规劝，中国或许就少了一家伟大的民营汽车企业。

我列举上述例子，是想表达如下观点：**创业之初要选择或设计好的商业模式，最重要的是发现并解决供需矛盾**。有了这个前提条件，团队才有机会创造最大价值，最终使参与者获得期望的收益。

5.4 优秀商业模式的特征

所有创业者都希望将事业建立在好的商业模式之上。我们虽然无法从理论上设计出最好的商业模式，但是可以从众多成功案例中总结出优秀商业模式的特征，供创业者借鉴。

一、产品不容易变质、不容易过时

现代人的生活节奏很快，现在流行快消品和快时尚。快消品推向市场的速度很快，淘汰速度也很快。有丰富阅历的人都明白，**世上绝大多数好产品，都是要花比较长的时间打磨的，快不起来。**

如果产品很容易变质或很容易过时，那么当你精心打磨好产品、将其推向市场的时候，已经晚了，没人买了，这是多么令人心碎的事情。

杨梅是酸甜可口的水果，很多人喜爱。但是杨梅是众多水果中销量比较少的，根本原因是杨梅的保质期极短。

杨梅在炎热的夏天上市，采摘期只有2周。摘下来的杨梅，在常温下只能放置1天，超过1天就烂了。如果冷藏，最多存放2天，超过2天即使不烂，味道也会变差。唯一长久保鲜的方法是把杨梅泡在高浓度白酒里，但是人们吃两颗就醉了。

农民辛辛苦苦地种植和养护杨梅树，杨梅成熟时要在2周内全部采摘，否则会烂在树上或掉在地上。杨梅要在1~2天内送达消费者，简直和抢救病人一样紧急。如果不能解决杨梅保质的问题，农民依靠种杨梅就无法赚钱。

服装虽然几乎不会变质，但是很容易过时。一年四季的服装差异很大，每一季服装只能卖3个月，一旦没有卖完，就会造成积压。

我认识一些家具行业的企业家，有一些人是从服装行业转型过来的。他们说，服装款式变化太快，生命周期太短，比较适合年轻人创业。他们自己年纪大了，想做长久的高品质的产品，于是选择了高端实木家具。

实木家具几乎不会变质，不容易过时，能够使用很久。有些实木家具，由于材料稀缺或者设计独特，不仅不会贬值，甚至会增值。

如果创业者的特长是比较慢地、很有耐心地打磨高品质的产品，那么一定要选择去做保质期长、不容易过时的产品。

二、构建一次、大量销售

这里的构建包括研发和生产，是指把产品做出来。大量销售是指产品可以卖给很多人，或者可以重复卖给老客户。构建一次的时间和成本是有限的，在销售收入超过成本后，之后的销售收入都是利润。

微软是 20 世纪盈利能力最强的企业之一。微软的核心产品是操作系统和 Office 产品线，全世界的个人电脑都会安装微软的产品。软件系统的更新换代周期约 3 年，也就是说，构建一次，可以在全世界卖 3 年。3 年之后系统升级，用户还是买微软的产品。软件光盘的成本是售价的千分之一，软件系统的成本毛利极高。

老百姓居家生活，天天用电、自来水和燃气，按月付费。这种商业模式在中国存在数十年了（在西方存在上百年），也是构建一次、大量销售的典范。电力公司、自来水公司、燃气公司把电缆、水管、燃气管接入房屋（构建一次），只要房子还有人居住，每月都能收钱（大量销售）。

构建一次、大量销售，毫无疑问是极好的商业模式。与之相反的是，构建一次，只能销售一次，然后再构建一次，再销售一次。每一次构建都重新产生了成本。如此循环，永远没有规模效益，这可能是最糟糕的商业模式。

当然也有例外，如构建一次、销售一次的模式，如果产值极大、毛利极高，也是很好的生意，但是不多见。如果有这样的好事情，无数人会蜂拥而入。

例如，房地产是构建一次、销售一次的模式。虽然商业模式较普通，但是产值大、毛利高。

和房地产密切相关的是装修行业。理论上讲，每一套房子都需要装修。既然造房子和卖房子有很大的盈利空间，那么装修房子是不是也如此呢？

答案是否定的。

装修房子也是构建一次、销售一次的模式，它的销售额和毛利都比较低，每一次装修都重新产生成本。在这种糟糕的商业模式下，很多装修公司只能赚点苦力钱，无法实现规模效益，难以发展为大企业。

明白上述道理后，**我们要设法把构建一次、销售一次的模式，升级为构建一次、大量销售的模式**，在某些领域这是可行的。

老师每天在教室里讲课，每讲一节课都是构建一次、销售一次，老师每月的工资其实就是每节课的累计收入。每月讲课的次数是有限的，学生只有几十个。

如果老师把讲课内容转变为音频和视频产品，放在平台上出售，这时商业模式就变了，变成了构建一次、大量销售。在这种模式下，很多基础课程的优秀老师可以获得更多收入。薛兆丰老师的《经济学讲义》音频，在"得到"平台销售，其收入达到上千万元。不少老师利用此方式，一年赚了上百万元，这是优秀商业模式创造的价值。

构建一次、大量销售可以延伸为构建一次、大量应用，道理是相同的。

例如，软件领域的库函数，被无数程序员调用，极大地提升了软件开发效率。这是构建一次、大量应用的典范。

再如，企业不断地开会、反复地讲经验教训，这样做效率太低。可以把经验教训提炼为标准化的流程，将其大量应用到连锁店管理中。

三、毛利高，能够持久地吸引优秀人才

无论传统的商业模式还是创新的商业模式，只要能够持久地吸引优秀人才，就是好模式，因为价值是人才创造出来的。

优秀人才的要价肯定很高（包括薪资和股权），他要的是实实在在的利益，编故事、画大饼只能在短期内吸引人才。**企业要想持**

久地吸引优秀人才，一个前提条件是"毛利高"。只有毛利高，企业老板才能够把利润分配给优秀人才。如果毛利比较低，没有更多的钱可以分配，光靠自有资金和融资，是无法支撑优秀人才的开销的。

毛利越高，能够分给优秀人才的利益就越多，越能吸引更多的优秀人才，从而创造更多的价值，这是良性循环。

反之，毛利越低，能够分给优秀人才的利益就越少，留不住优秀人才。人才少了，创造的价值就越少，这是恶性循环。

如果企业老板懂合作，懂让利，但是企业一直缺乏优秀人才，一定是因为商业模式不好。光靠老板人品好，不足以持久地吸引优秀人才。

四、让用户创建可以销售的东西

在绝大多数商业模式里，企业用心做好自己的产品，然后把自己的产品卖给用户。企业自身的生产和营销能力决定了收入的天花板。

有一种新的商业模式，即让用户创建可以销售的东西。理论上讲，无数用户可以创建无数的好产品，几乎没有天花板，这真是伟大的商业模式。

20 年前，手机领域的领头羊是诺基亚。后来美国苹果公司推出了 iPhone，其硬件比传统手机好。更有价值的是 App Store，其允许用户开发和销售 App，并与苹果公司分成。现在 App Store 里有数百万个 App，全球用户量达数十亿。在传统模式下，显然仅依靠一家企业无法开发出那么多 App。

知识付费平台，如喜马拉雅、得到等，自己不生产内容，其让用户创建可以销售的东西，然后和平台分成。这种模式可以使尽可能多的用户获益，也让平台自己获益更多。

好的商业模式层出不穷，建议大家阅读 Jim Muehlhausen 的著作《商业模式设计与完善》，里面有许多成功案例，大家或许能受到启发。

5.5 糟糕商业模式的特征

很多企业很勤劳，但是活得很艰难，或者倒闭了，很大程度上是由于商业模式很糟糕。本节总结了糟糕商业模式的一些特征，用于警示创业者。

（1）产品很快变质，或者很快过时。如果创业者不能适应快节奏，无法驾驭快速，那么不要去做这样的产品。

（2）构建一次，只能销售一次。这种模式意味着没有规模效益，不过，如果单价很高、毛利很高，就可以做。

（3）毛利很低，处处精打细算，遇到一点麻烦，就亏本了。薄利的业务，如果能够实现薄利多销，就可以做，否则不能做。

（4）需要不断地融资或者借款。企业自身没有"造血"能力，外表再风光也无用，一旦资金用完就会倒闭。

（5）在客户面前，你是弱势群体。客户提出无数需求，你永远无法全部满足，而且客户拖延付款。如果客户普遍这样，你就要退出这个行业。

（6）客户对你不坏，但是客户停滞不前或不断萎缩，意味着这个业务没有前途了，你要及时转型。

（7）企业里的骨干人员不断离职。骨干人员很精明，他们可能碍于情面不会指明问题，但是他们用离职行为表达了问题。

（8）创始人每天焦虑不安。企业必定存在难以解决的问题，要么没有发现问题的根源，要么解决方案不对。还有一种可能，这个创始人不适合创业，可能适合守业。很多聪明人高估了自己，搞错了自己的定位。

（9）企业最重要的业务只能靠创始人亲自做，别人无法替代，创始人的时间和体力成为企业发展的天花板。

5.6 作者反思

本节讲述我从读大学至今 30 年的学习和创业历程，有成功，也有较多失败。这是我对商业模式最深刻的反思总结。我掉进的坑和踩过的雷，都是大家应该关注的商业模式中的问题。我揭开伤疤给大家看，像法医那样剖析病理，目的是让大家重视商业模式。

请读者在阅读的过程中思考一个问题：作者为什么犯错误，自己如何避免犯相似的错误。

一、在西安电子科技大学的历程

我于 1990 年考入西安电子科技大学技术物理系，本科专业是半导体物理，通俗地讲就是造芯片的。

在中学时期，我唯一擅长的就是物理，对我来说，这是一门无师自通的课程。我的高考成绩在系里属于中等偏下，那是因为高考 7 门课程，某些科目把总分拉低了。到大学后我才如鱼得水，读了一年就脱颖而出。

有一次全系召开学习交流大会，我讲了学物理的方法，一位老教师很激动。他说，自己明年就退休了，好不容易遇到了一个热爱物理、有悟性的好苗子，反复叮嘱我要好好学习，将来好成为物理学家。

物理确实是我的最爱，我给父母写了一封长信，表达了献身物理的愿望，我打算毕业后去戈壁滩研究核物理。这么崇高的理想，我只坚持了一年。我读到大二就变心了，因为看到了更有吸引力的东西——电脑，我一学编程就着了迷。

系里两位计算机老师私下塞给我大把的"机票"（不是飞机票，是进入机房的票，因为我没有钱买票），但是公共机房远远无法满足我的学习欲望。我没有钱买电脑，就想办法解决用电脑的问题。我发现研究所里有很多电脑，我在门外都能闻到电脑的"迷人香味"。

1992年暑假，我请系里的老师把我推荐给微电子研究所的老师。只要有机会用电脑，让我干什么活儿都行。微电子研究所的老师让我试试看，给我安排了一个任务，设计"立方运算器"：输入信号x，输出信号是x的三次方。这是老师承接的军工项目的专用器件，他给了我一台286电脑，让我自己想办法完成，没有对我进行任何指导。

我自学电路设计软件和电路分析软件（CAD/CAA），用了一个月时间，完成了"立方运算器"的设计和参数分析。两年后一个研究生用这个方案做出了模拟集成电路。

老师很满意，于是又给我安排了一个任务：开发一套器件可靠性分析软件。我自学 C 语言和数值算法，自己设计用户界面和数据图形展示，每天编程十多个小时，花了四个月时间开发软件。在本校"星火杯"大学生科技竞赛中，我获得了软件二等奖和论文二等奖，一炮打响，从此我在微电子研究所有了立足之地。

这段经历让我的思想提升了一个台阶：**克服困难，创造好的条件，更好地发挥才能**。此后，这种思想贯彻我的人生。

西安电子科技大学的前身是军校，每个系都有若干研究所，很神秘。过去只有研究生才能进入研究所，本科生只有在毕业设计时才能进入研究所。我开创了本校大三学生独立承担科研项目的先河，干得很好，树立了榜样。我在 1993 年点燃了"星星之火"，此后无数本科生涌入各个研究所，研究所夜里灯火通明，学生的科研热情十分高。

1993 年我读大四的时候，微电子研究所一位青年才俊和我数次谈论，令我十分向往，于是我跳槽到他的门下。后来，他成为我的本科导师和硕士导师，我可以自由地做自己感兴趣的软件。

我在开发科研软件的过程中，频繁地修改软件界面，绘制数据图形。为了提高效率，我开发了"图形用户界面库"和"数据可视化库"。调用这两个库来开发应用软件，既方便又漂亮。

1994 年我读硕士一年级，我用 C++重新写了两个图形库，见

图 5-1。现在看起来很土，没什么了不起的，但是在 1994 年 DOS 时代，那算得上是"高大上"的软件。

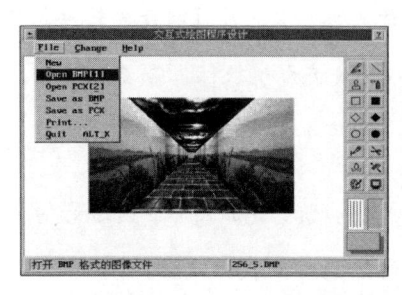

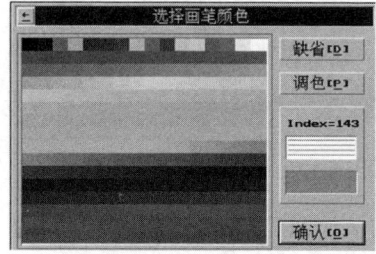

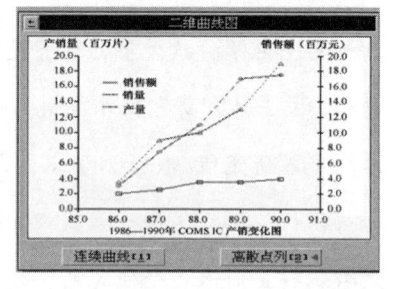

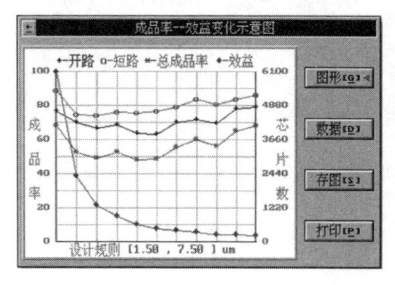

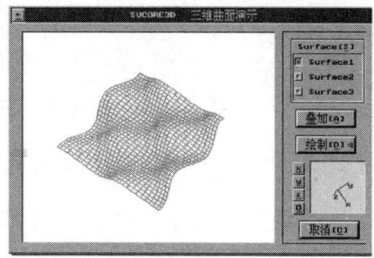

图 5-1　DOS 时代的图形用户界面和数据可视化软件库

我请计算机系的领导（后来是副校长）来看我的软件，领导认为我做的软件很有水平，让他们计算机系的人很惭愧。我用这个软件参加了中国大学生应用科技发明大奖赛，获得了二等奖，成为本校的名人。出版社找上门来，于是我出版了第一本著作《微机科学可视化系统设计》，书中嵌入了广告，销售我的软件库，说明我是有点商业头脑的。

陆续有读者看了书，买了我的软件库。我记得吉林大学的一位教授还给我写了一封热情洋溢的表扬信。我读硕士期间靠这个软件赚了生活费，日子过得很潇洒。

整个 20 世纪 90 年代，中国极缺软件开发人才。计算机系毕业生主要开发 MIS（管理信息系统），很少有人开发科研软件。高校和研究所每年有大量的科研项目，绝大多数科研人员只懂得写算法，不会开发软件。我见过很多科研软件，没有操作界面，只能用命令行输入参数，运行几个小时，算出结果就结束了。

多数科研机构有两个软肋：做不出友好的软件用户界面，画不出数据图形。这样的科研成果，展示不出水平，档次比较低，在项目评审的时候很吃亏。科研机构需要专业的软件开发工具和指导服务，但是市场几乎没有供给者。

我无意中发现了供需矛盾，而且做出了很好的产品。但是我不懂商业运营，也没有遇到企业家，废弃了商业机会。

我在 1996 年获得了原电子工业部科技进步二等奖，见图 5-2。导师对我说，这是盖了国徽钢印的奖状，含金量很高，当时本校的很多教授都没能获这个级别的奖。主要贡献者当然是我的导师，整个软件系统是我开发的，我做的软件库占了一半比重。

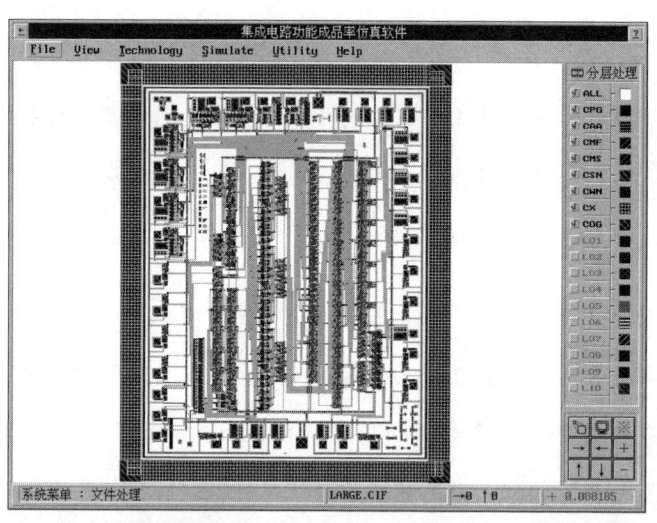

图5-2 作者读硕士期间的科研成果

我想，导师会成为国内顶级的微电子科学家，未来很可能是院士（他在 2013 年当选为中国科学院院士）。由于我的兴趣不在微电子领域，导师就没有挽留我。1996 年年底，我硕士毕业离开了西安电子科技大学。

二、在浙江大学的历程

1997 年 3 月，我到浙江大学攻读计算机应用博士学位，专业方向是计算机图形学。我在浙江大学没有任何根基，没有办公桌，于是，我在宿舍里开发软件。我把原先二维的图形用户界面和数据可视化程序，升级为三维的，软件显得更加"高大上"。

1997 年 8 月，我获得"首届中国大学生电脑大赛"软件展示评选明星称号，12 月，获得了中国大学生最高奖学金（一个省一个名额），见图 5-3。我成了浙江大学的知名学生，杭州报社和电视台采访了我，一批小企业家抢着和我合作开公司。

1998 年春季，我获得 30 万元的投资，创办了软件公司，投资人和我各占 50% 的股份。公司的目标是做最强大的三维软件开发工具，把各行业的应用软件全部改造为三维软件。一年时间，公司资金用完了，一套软件都没有卖出去，最终倒闭了。原因很简单，没有真实需求。创业只是基于我的兴趣爱好而非客户需求，美好的前景只是我幻想出来的。

> 证　书
>
> 林锐 同学：
>
> 获电子工业部、国家教委、共青团中央、全国学联主办的"首届中国大学生电脑大赛"软件展示评选明星称号。
>
> 首届中国大学生电脑大赛组织委员会
> 一九九七年八月

（a）

> 荣誉证书
>
> 林锐 同学
>
> 荣获中国大学生跨世纪发展基金·建昊奖学金特等奖，特发此证，以资鼓励。
>
> 一九九七年十二月

（b）

图5-3　作者读博士期间的奖状

更糟糕的是，由于我不懂融资，稀里糊涂地向投资人借款买下了属于我的50%的股权（我因无知而被骗了）。在公司倒闭时，我要还给投资人 15 万元的投资款，当时算是负债累累。

我在浙江大学读博士的三年半时间，是我最惨的时期。我没有研究学问，创业失败成为"负翁"，差点被学校开除。第一次创业失败，虽然比较惨，但是对我的人生而言是很有益的。我明白了需求的重要性，积累了经验教训，承担了失败的后果。

三、在上海贝尔的历程

2000 年 7 月，我到上海贝尔工作，先做一个部门的软件工程和项目管理的规范化工作，之后基于 CMMI（能力成熟度集成模型）设计、研发并推广流程。

CMMI 是美国国防部"软件和系统集成"的管理标准，全世界 IT 企业都在学习 CMMI。中国从 2000 年开始大力推广 CMMI，全国掀起了学习和应用热潮，我顺应潮流成了引领者。

我在上海贝尔工作期间，心无旁骛，专心做学问。我一边研究高深莫测的 CMMI，读完 600 页英文规范，一边做很具体、很基础的流程服务工作，如撰写编程规范，做推广培训。我无意中从一名软件研发者转型为方法论研究者。

2002 年年初，我出版了《高质量程序设计指南——C++/C 语言》，这是一本对软件行业很有影响力的著作。此书在网上引起广泛讨论，被无数软件公司作为编程规范。当时招聘程序员的考试题目，大多是从这本书中摘录的。

为了还第一次创业欠下的冤枉债，我利用休假的时间赚钱。我曾给广州一家软件公司连续4天培训"软件工程和项目管理"，每天讲8个小时。近百名学员在教室里听课，我挣了2万元劳务费用于还债。

2003年，我当选为Alcatel集团"为保持全球领先地位做出突出贡献的技术专家"，算是一种荣誉。2003年年底，我离开上海贝尔，再次创业。

四、研发管理事业

2004年年初，我创办上海漫索计算机科技有限公司，主业是研发管理咨询和销售配套的软件工具。之后10年，我陆续出版了10部著作。影响力最大的研究成果是集成化研发流程，我用一张图把CMMI的600页规范转变为可以执行的流程，靠的是"驾驭复杂"的能力，见图5-4。当时绝大多数软件公司的研发流程，都是从这张图中延伸出来的。

我亲自服务过数百家研发企业，访谈过上万名研发人员和管理者，拥有粉丝（读者）上百万人。

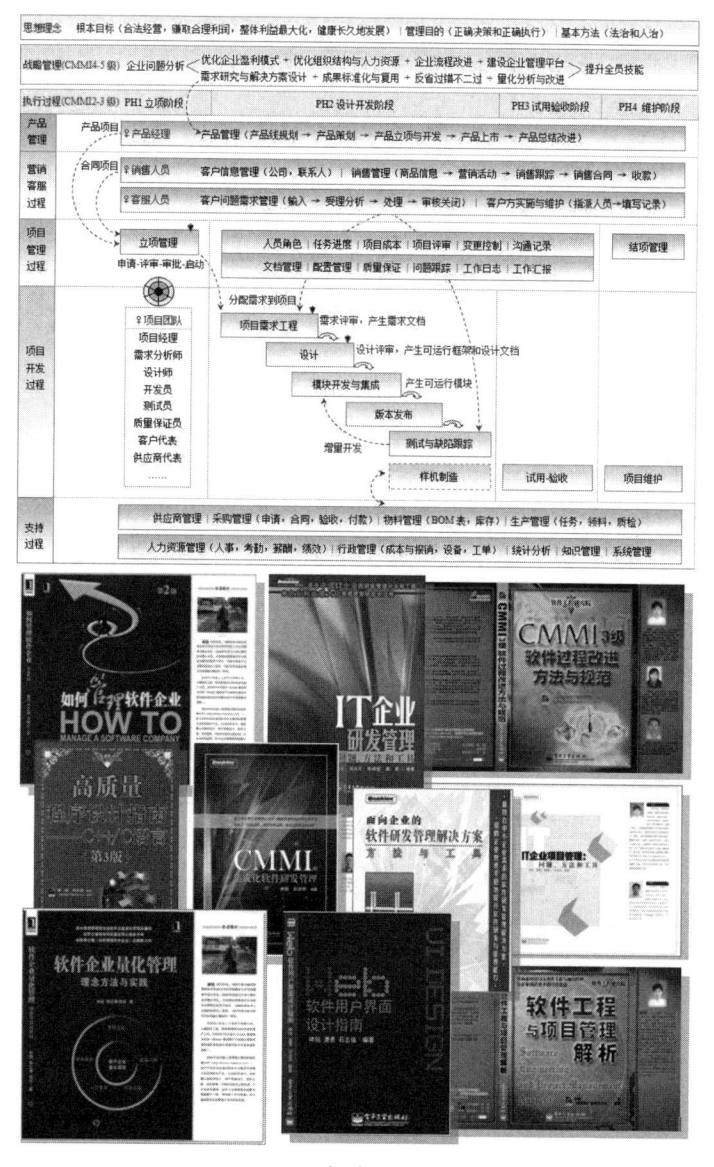

图 5-4 研发管理相关成果

（a）

商业模式常识

（b）

图 5-4　研发管理相关成果（续）

2008 年，有个大型军工研究所请我做研发管理报告，领导和骨干全部到场，我第一次在国旗下演讲了 1 个小时。我讲完后，按照惯例，轮到一批专家轮流提意见。没想到专家才说了 5 分钟，就被所长训斥了一通。

所长说："这么好的方案，我们自己难以做出来，要虚心学习，别挑刺。方案就这么定了，细节大家商量着办，把活儿干好。大家要配合、支持林博士的工作，不要欺负小公司。"

我其实不认识这个研究所的任何人，没有与其进行过任何商务活动，我只讲了1个小时，就签下近百万元的研发管理咨询合同，这是硬实力的体现。

我举上述例子，是想说明我曾经在研发管理领域很有优势。但是我用很传统的商业模式经营这个很有优势的事业，一次一次地讲课和卖软件，很多重要的活儿只能我一个人干，没有办法创造更多的价值。整整10年时间，我都没有设计出很好的商业模式。2014年CMMI大潮彻底退去，我自己也做累了、做腻了。我把业务交给合作伙伴，就像一位武林高手那样"金盆洗手"，退出了研发管理的江湖。

十年前我的百万名粉丝含金量很高。那个时期我不懂粉丝经济，我常给他们送书、发资料，用邮件解答问题，没有赚粉丝一分钱。现在这些粉丝中的不少人成了企业骨干和领导，也许会重新成为我新著的读者，大家可能会有更好的合作机会。

五、幼儿园事业

2015年，我开辟了幼儿园业务，做互联网+幼儿园平台，核心功能是安全和互动。这个新业务和我原先的经历没有丝毫关系，跨度很大，时髦的说法是"跨界"。跨界初期，我感觉很好，因为无知而无畏，跑得很快，直到跌入陷阱难以自拔。

起因是我的两个孩子陆续进入幼儿园，我作为家长本能地感知到"安全"和"互动"是刚需。园长是很好的合作伙伴，协助我了解园方的需求。我们围绕园方和家长的需求，设计了幼儿园安全互动平台，为其起了好听的名字"爱上学"。平台中的特色功能一个接一个地推出，让用户惊喜连连。

当孩子进出校门时，平台立即把照片和 1 分钟视频推送到家长的微信。保育员用红外线温枪检测孩子的体温，平台立刻把体温发给家长，并在学校设备上播报。如果孩子发烧了，平台会及时告知家长和园方。当我们给园方和家长演示的时候，多次听到称赞声"太神奇了"！

2016 年，我先在海南小范围推广，谨慎地了解市场反馈。刚开始，代理商花 2 周时间谈下一个幼儿园，接着一周谈下一个幼儿园，3 天谈下一个幼儿园，1 天谈下一个幼儿园，1 小时谈下一个幼儿园，5 分钟谈下一个幼儿园。再后来，我们就不用去找客户了，客户会自己找上门来。代理商向客户道歉：请等等，我们实在忙不过来，我们夜里给您安装。

一个暑假的时间，在海南这么小的地方，就有近 200 所幼儿园安装了我们的设备。我每天在微信朋友圈发布安装设备的照片，徜徉在幸福中。

平台是收费的，代理商免费送设备给幼儿园，向每个学生收服务费。一个学期只要 75 元，平均一个月只要 15 元。

家长疼爱孩子，赚孩子的钱比较容易。我和投资人、代理商开会的时候，大家一致认为家长一个月付 15 元简直是小菜一碟。而且我们询问过园长和家长，他们觉得这是良心价，完全没有问题。

我们简单估算，只要超过 600 所幼儿园采用我们的平台，公司就能盈利，这个目标，半年就能实现。当时有位著名的互联网创业导师对我说："林博士，你这个创业案例，完美地诠释了在互联网时代，只要解决客户痛点，产品快速迭代，就会爆发式发展。"

但是意外发生了，2 个月的免费体验结束后，等到要收费的时候，2/3 的幼儿园放弃付费，只剩下 1/3 的幼儿园愿意付费。不过，代理商和园方要给家长做思想工作，给出各种优惠，折算下来又只剩 1/2 的收益。综合起来，$1/3 \times 1/2 = 1/6$，与期望实在相差太多。

大家认为开局还算不错，只要继续努力，将来会越来越好。于是公司不断地加大投入，我甚至研究了相关理论，出版了著作《互联网+幼儿园管理》。但是于事无补，成本不断地增加，收费单价越来越低。一个月只收十几元的良心钱，还被家长举报乱收费。

有些生意貌似很热闹，但是利润很低，在短期内很难改变。有行业资源的企业，可以成功做低利润率的生意，因为它们的边际成本更低。但是初次闯入新领域的创业者，冲锋陷阵的成本很高，亏损严重。

开辟一个新的事业，研发产品需要大量的投入，前两年亏损是合理的，大家都能接受。第三年过去了，大家发现这个业务很难赚钱，当时大家认为这个行业的盈利模式可能是薄利多销。只要把产品做得足够好，客户足够多，最终也会有比较好的利润。于是公司继续加大投资，加大研发力度，扩展渠道，然而，第四年过去了，亏得更多了。

我们经常反省，找到一些具体的失误和弱点，如企业管理水平较低，供应商的设备质量差，代理商销售和服务能力不高，等等。我们找到一些改进措施，我成为忙碌的"救火队员"。到了第五年，还是亏损。我抛开具体的失误和弱点，思考一个以前没有想过的根本性问题：我是不是走错道了？

我画出价值链模型：设备供应商—平台运营商—代理商—幼儿园—家长。

平台运营商就是我们自己，代理商负责销售和现场服务，这两个环节最辛苦。设备供应商能赚到钱，它们远离前线，没有风险。供应链的话语权掌握在幼儿园手中，因为客户（学生和家长）在它手里，它是资源的掌控者，它想选择哪个平台就选哪个平台，它想放弃就可以放弃。我有很多亲身经历，园方可能会为了小利益而随意更换平台。

原先我们以为自己有很好的技术，就会有不错的竞争力。但是现实很残酷,无论我们和代理商多么努力,都只是无足轻重的配角。我的心凉了,只能成为没有话语权的配角绝对不是我期望的事业。

几位企业家朋友帮我进行了分析,指出两个根本性问题:(1)盈利模式很糟糕,只能赚到很少的苦力钱。(2)在幼儿园行业我没有任何优势,也许别人可以从事这个事业,但是我不合适。

"爱上学"曾是个明星产品,"方法论+软件+硬件"多年领先于同类产品,见图 5-5,但是无法盈利,亏损了上千万元。有些同行采用免费加补贴的模式,快速占领了上万所幼儿园,结果亏损上亿元,也失败了。2020 年,我断、舍、离,把幼儿园业务交给合作者,退出了这个领域。

(a)

图 5-5 "爱上学"的示例

（b）

（c）

（d）

图 5-5 "爱上学"的示例（续）

六、反思总结

大家看了上述故事，应该大致对我有了一定的了解。我算得上高素质的创业者，拥有诸多优点：智商高、能力强、勤奋自律、百折不挠、口才好、文采一流、负责任、有信用……我除了不高不帅，真的没有其他明显的硬伤了。

我是西安电子科技大学杰出校友，浙江大学知名校友，校友见面都叫我师兄，说明我是一个值得校友信任的好师兄。有一次我回西安电子科技大学，学校拉了横幅"热烈欢迎林锐校友重回母校做报告"（见图5-6），学校这么热烈亲切地欢迎一个校友很罕见，足以见得我是个有影响力的正能量的人。

图5-6 作者回母校做报告

为什么我这个拥有很多优点、很少缺点的能人，创业20年却没有取得重大成就呢？

这个问题,校友和我本人百思不得其解。大家分析了一些原因，都没有抓住本质。

有些人指出，我是技术专家出身，不懂管理和营销，所以企业做不大，这句话不对。以我的悟性，理解管理和营销是很容易的。

有些人指出，我的情商比较低，没有兴趣社交，圈子太小，做不好企业，这也不正确。智商高和能力强的人，通常不必使用情商就能办好事情。福尔摩斯探案，不需要别人喋喋不休，仅凭几条线索就能推断出案情。脑子好使的人，凭几句话就可以洞察他人内心，情商只是起一些辅助作用而已。

2020年，我反思了整整一年。我没有取得商业成就的本质原因是：**我没有理解商业模式的价值，没有设计出好的商业模式。我一直用勤劳致富的方式创业，所以无法创造更大的价值。**

我当然知道"商业模式"这个名词，也看过不少关于商业模式的书，但是没有足够重视商业模式。我有不少成功的企业家朋友，我们常交流经营企业的心得体会，但遗憾的是，我们没有把商业模式谈透彻。

虽然有无数企业家每天勤奋地工作，但无法清晰地阐述自己事业的商业模式，并不知道自己成功或失败的根本原因。不懂商业模式的创业者，是在雷区闯荡，迟早有一天会"踩雷"。

我经过很长时间的挫折磨炼，才意识到商业模式决定了事业命运。设计优秀的商业模式，是用智慧来设计事业命运，比勤劳更加重要。

我本是一匹骏马，没有在草原上驰骋，却在沼泽地艰苦跋涉，我曾经为没有找到和自己能力相匹配的合伙人感到遗憾。现在我明白了，这不是因为我魅力不够大或运气不好，而是商业模式不好，无法吸引高水平的合伙人。

作为方法论研究者，我努力把商业模式这个重要问题讲清楚，希望能够启迪读者。我还会继续开创新的事业。在下一个事业中，我要设计优秀的商业模式，要打造他人难以超越的竞争优势。

第 6 章

商业模式研究

6.1 商业模式的要素和模板

我发现,无数人在机场和火车站虔诚地观看成功人士的演讲节目,心潮澎湃甚至热泪盈眶。马云的粉丝很多,这其中不乏优秀人士,但是很少有人能取得马云那样的成就。

很多低调的成功企业家都规劝初创者:少看成功学,多花时间研究自己的商业模式。商业模式似乎很神秘,它究竟是什么样子的?本节介绍极简商业模式和完整商业模式。

在一个成熟的企业里开辟新的业务,或者在成熟的市场中创业,都需要思考商业模式。有些企业家总结了极简商业模式,只有4个要素:卖什么、卖给谁、怎么卖、卖多少,见表6-1。

表6-1 极简商业模式的4个要素

卖什么	描述产品是什么,包含产品和服务
卖给谁	说明消费者是谁,包括购买者和使用者
怎么卖	通过什么渠道找到消费者
卖多少	在合理的利润下,估算销量有多少,判断这个业务值不值得做

虽然模式很简单，思考后再做，总比不思考就做要好。对于复杂度和风险比较低的业务，极简商业模式容易操作，具有一定的实用价值。

但是对于需要较多融资的业务，以及想干一番大事业的创业者来说，只有极简商业模式是不够的。如果投资人和重要合作者不清楚完整的商业模式，他们就不会贸然参与。

投资人的目的不是想靠创业者的勤奋赚取利润，然后大家分成。投资人的目的是在未来获得很多倍的回报，只有好的商业模式才有可能实现投资人的目的。如果商业模式好，哪怕风险比较高，也值得投资。

为了避免创业者天马行空地讲故事，避免过多的情绪干扰商业决策，很多投资机构设计了创业项目模板，要求创业者按照模板填写。

模板就是商业模式的形式化表述。模板已经把各种要素安排好了，你按照模板完整地写出来，商业模式自然就清楚了。

就如有了一个故事，不能直接将其拍成电影。拍电影相当于一个创业项目，是有投资风险的。要先把故事转化成剧本，剧本就是故事的形式化表述，专业人员看了剧本就能判断值不值得将其拍成电影。

有个资深投资人曾参加罗永浩的锤子手机融资路演。罗永浩既是激情澎湃的创业者,又是天才演说家,他的演讲极度煽情。这位投资人擦着眼泪对助理说:"太感人了,我很多年都没有听到这么感人的故事了,但我怕被他带到沟里去,你赶紧记下来,绝对不能投资他。"

按照模板来填写商业模式,有助于理清商业逻辑。有丰富阅历的投资人,了解了商业逻辑就能判断项目是否靠谱。

我见过不少有宏大抱负的创业者,说得很好听,但是写不出完整的商业模式,无法将各项要素说明白,没有论据支撑,逻辑不通。这说明空想成分居多,如果自己还没有摸索明白商业模式,就不要寻找投资,因为纯属浪费双方的时间。

有一些机构辅导创业者做创业PPT,这是有用的。写作文和写论文都有套路,套路就是人们总结出来的模板,好不好取决于写的人。

我见过很多创业PPT,不仅样式漂亮,而且数据很吸引人,PPT中的首轮估值就达上亿元,但这些都只是创业者凭空编造出来的。投资人不仅要看商业逻辑,还要判断其真实性。

我归纳了商业模式的研究图(见图6-1)和模板(见表6-2),下文逐一论述所有要素。价值研究位于商业模式的顶层,其他部分都服务于顶层的价值。

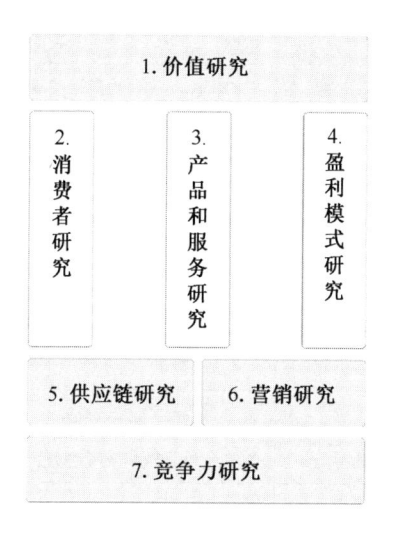

图 6-1 商业模式的研究图

表 6-2 商业模式的模板

商业模式要素		详细说明
1. 价值 研究	供需矛盾	说明在哪些领域，发现了哪些供需矛盾
	如何解决	说明如何解决供需矛盾
	价值链	说明哪些环节创造了哪些价值，得到哪些回报
	定位	用一句话说明为哪些人提供哪些东西
2. 消费者 研究	购买者特征	描述购买者的年龄、职业、习惯、喜好等特征
	使用者特征	描述使用者的年龄、职业、习惯、喜好等特征
	主要需求	列出购买者和使用者的主要需求
	消费动机	分析购买者和使用者的动机，即为什么要消费

续表

商业模式要素		详细说明
3. 产品和 服务 研究	产品主要功能	说明产品的主要功能（功效）
	产品吸引力	说明产品具有哪些吸引力，能够打动消费者
	服务主要内容	说明服务的内容和流程
	服务吸引力	说明服务具有哪些吸引力，能够打动消费者
4. 盈利 模式 研究	收入来源	说明哪些业务是可以收费的
	利益分配	说明如何把收入分配给参与各方
	利润估算	说明成本和收入结构，估算毛利润和净利润
	定价策略	制定有合理利润的价格
	市场估算	估算市场总额和发展趋势
	目标设定	设定各阶段盈利目标（销售额、成本、利润等）
5. 供应链 研究	供应商管理	说明如何选择和管理零部件供应商
	自主研发管理	说明哪些东西需要自主研发，如何管理
	库存管理	说明如何管理库存，达到最优
6. 营销 研究	如何宣传	说明如何宣传，包括广告词、故事、视频等
	如何销售	说明如何让消费者更容易地买到产品
	如何合作	说明有哪些营销合作伙伴，如何合作
7. 竞争力 研究	竞争对手分析	说明有哪些主要竞争对手，有何特征
	己方优势分析	分析己方优势，如何保持和增强优势
	己方弱点分析	分析己方弱点，如何消除或克服弱点

6.2 价值研究

商业模式的顶层是价值研究，关注四个要素：供需矛盾、如何解决、价值链、定位。

一、供需矛盾

说明在哪些领域，发现了哪些供需矛盾。请注意，不是指发现了需求或者生产了新产品，而是指发现了矛盾。

人的需求多种多样，无穷无尽，发现需求很容易，没什么了不起的。匹配需求的产品不计其数，却卖不出去，堆积如山。世上有无数人了解需求，很多企业都能够制造产品，但是难以致富。

矛盾是指供给者和消费者没有很好地匹配起来，至少有一方不满意，渴望解决问题。 例如，消费者有想要的东西却买不到，供给者有好东西却找不到消费者，等等。一旦解决了矛盾，就会为供需各方带来巨大的价值。

矛盾就是商机，矛盾越尖锐（没有替代方案可以解决矛盾），商机就越大。优秀商业模式的基础，是发现了某个领域存在供需矛盾。

发现矛盾是人的一种深度思考能力，并非人人都具备这种能力。一旦发现了矛盾，聪明的人很多，总会有办法解决矛盾。

人人都有出行需求，需求量极大。中国是交通工具的制造大国，轿车、电瓶车、自行车的生产量极大。但是以前供给和需求并没有很好地匹配起来，没有实现便捷出行。

城市内出行的主要矛盾，并不是车辆不够多，而是着急用车的人找不到车，而有车的人车却闲置了，车辆资源没有很好地发挥价值。为了解决这个矛盾，网约车诞生了。滴滴出行在竞争中胜出，不到十年的时间，其市值（估值）超过了中国多数老牌车企的市值。

当然，汽车厂家和滴滴出行都无法解决出行中的所有问题。

人们有大量的短距离出行需求（1公里内），如从家里或公司去地铁站、公交车站。打车的成本太高，等待的时间太长。如果自己买自行车，可能会被偷走。总之，打车或者买自行车都不能解决短距离出行的矛盾，于是共享单车诞生了。共享单车企业的市值（估值）超过了多数自行车企业的市值，而且挽救了大量自行车厂。

中国的网约车和共享单车是创新的商业模式，世界领先。

二、如何解决

创业者的主要使命是先发现供需矛盾，然后解决供需矛盾。

即使你是第一个发现供需矛盾的人，你也难以申请专利来保护这个发现。不过，你可以为解决方案中的某些成果申请专利（或著作权），将其保护起来。**如果你的解决方案不够好，即便保护起来了，也没有用，因为更好的解决方案会淘汰较差的解决方案。**

爱迪生是伟大的发明家之一，也是杰出的企业家。爱迪生最大的贡献是发明了实用的电灯泡，其寿命长达数十小时，由此，人类进入了电力照明时代。

但是爱迪生却在电力照明的竞争中大败。原因是，爱迪生的解决方案基于直流电，而竞争对手的解决方案基于交流电。

爱迪生拥有直流电领域的大量发明，他是直流电的既得利益者。特斯拉拥有交流电领域的大量发明，如发电机、电动机、传输设备等，支持者是美国西屋电器公司。虽然爱迪生拥有极大的社会影响力，用各种手段打压交流电，但是交流电具有明显优势，最终直流电被淘汰出局，详细内容请大家观看电影《电力之战》。

三、价值链

价值链是指所有参与环节的价值传递方式。假设有 A、B、C、

D、E五个环节，那么价值链可以抽象为：

A价值＋B价值＋C价值＋D价值＋E价值＝消费者获得的价值

商业模式的目标是为消费者创造价值，而且是创造最大的价值，只有这样才不会被其他商业模式取代。

价值链的研究焦点是：

（1）每个环节创造了哪些价值？付出了什么？能得到哪些回报？只有价值＞回报＞付出，这个环节才有存在的意义。

（2）不仅要使整个价值链的价值最大化，而且还要降低价值链的风险，要淘汰不良的环节。

由于每个环节都创造了价值，付出了成本，因此，企业必须得到期望的收益，否则无法持续运营。**盈利模式是价值链的具体实施方案**。盈利模式关注的是利益分配、利润计算、定价策略等。

在传统的农产品商业模式中，价值链可以抽象为：

农民种植农产品 → 经销商采购和销售 → 到达消费者

在这个价值链中，农民创造了最大的价值，他干活最辛苦，收入却最少。农产品被经销商抬价后到达消费者手中，环节越多，最终价格就越高，消费者付出了更高的成本。农民和消费者都没有获得期望的收益，分析价值链，就能知道这不是最优的商业模式。

在移动互联网普及后，有一批农民采用了新的商业模式：

农民种植农产品 → 直播销售 → 快递 → 到达消费者

这种模式为消费者创造了最大的价值：消费者以最快的速度、比较低的价格获得了农产品。消费者承担了快递费，农民支付直播成本后，得到了更多的收益。最重要的是，农民和消费者直接沟通，供需双方以最高效率合作，极大地降低了风险。

四、定位

定位是"高大上"的商业词语。**通俗地讲，"定位"就是用一句话说明为哪些人（目标消费者）提供哪些东西（产品和服务）。明确定位，才能聚焦力量把事情做好。**

如果创业者没有搞清楚商业模式，就无法用一句话说明他要干什么。还有一些创业者，欲望太多，想做多个产品，想将产品卖给所有消费者，以至于无法用一句话表达他的欲望。

如果人人都是你的目标消费者，那么等于没有目标消费者。如果你想做很多个好产品，也许你连一个好产品都做不出来。

无数创业案例证明，只有把力量（财力和人力）聚焦在小而精准的范围，才能发挥最大的作用，成功率最高。

干燥的树叶在太阳下面晒一天,也不会着火。但是如果用一枚凸透镜或一瓶矿泉水来聚焦阳光,几十分钟就能把树叶点着,这就是聚焦的功效。

用一句话明确定位,就是要砍掉偏离目标的贪欲和杂念,让所有参与者都清楚地知道只能做一件最重要的事情,不要分散力量,而是要聚焦。

6.3 消费者研究

消费者包含购买者（也叫客户）和使用者（也叫用户）。购买者和使用者可能是同一个人，也可能不是同一个人。

例如，企业级产品的购买者通常是领导，使用者通常是员工。儿童用品的购买者是家长，使用者是儿童。买手机给自己用，那么购买者和使用者是同一个人。买手机送给别人用，那么购买者和使用者不是同一个人。我们可以根据消费的场景判断购买者是谁、使用者是谁。

在不同场景下，购买者和使用者对交易的影响有比较大的差异。例如，儿童上培训班，家长的喜好起决定作用。在某些情况下，家长会付费强迫儿童上培训班。但是家长给儿童购买玩具，起决定作用的通常是儿童。

毫无疑问，创业团队要努力使产品既满足购买者的需求，又满足使用者的需求。但是在执行的时候，往往会顾此失彼。

任何一个产品，即便购买者喜欢，但是如果被大量使用者抵制，迟早也会被抛弃。 当华为最初请 IBM 推行研发管理流程时，几乎没有员工喜欢这么复杂的流程，阻力重重。华为花了很高代价（包括财力和人力），最终在研发管理领域取得斐然成就，但是这种成功案例比较少见。

消费者研究，关注四个要素：

（1）购买者特征：描述购买者的年龄、职业、习惯、喜好等特征。

（2）使用者特征：描述使用者的年龄、职业、习惯、喜好等特征。

（3）主要需求：列出购买者和使用者的主要需求。

（4）消费动机：分析购买者和使用者的动机，即为什么要消费。

研究消费者的目的，是提供能够吸引消费者的产品和服务。 在创业初期，创业者接触消费者的数量很有限，对消费者的认知可能比较肤浅。创业者最初设想的目标消费者，可能与实际情况并不一致，这没有关系，及时修正即可。对消费者的理解越深入，后续工作的偏差就越少。

6.4 产品和服务研究

产品一般是指看得见的东西（软件或硬件），消费者购买产品后，拥有这个产品的产权或使用权。

例如，人们买的生活用品，一般拥有产权，不仅可以自己使用，还可以转卖给别人。如果你买了一套软件或一张影碟，一般只拥有使用权，没有产权。你可以反复使用，但是不可以转卖给别人。

服务一般是指消费者享用某个过程。过程结束后，服务也就结束了，通常不能重复享用某个过程。

例如，乘飞机是一项服务，航空公司把乘客从 A 地送到 B 地，并没有把飞机卖给乘客，服务是一次性的。下次乘客再从 A 地飞到 B 地，要重新买机票，即支付服务费。

产品和服务既可以独立，也可以共存。

有些产品不包含服务，如文具和碗筷，消费者买来就能用，不需要服务。有一些服务没有产品，如老师指导你唱歌或画画，并没有把歌或画卖给你。

一般把产品和服务叠加起来更加容易打动消费者。

如你去餐馆吃饭，服务员热情地服务你，而且你还可以享受美甲和擦鞋服务，多花点钱也愿意。

有些商家卖产品，免费赠送服务；有些商家卖服务，免费赠送产品。实际上并没有免费的产品和服务，商家只是把免费的成本折算到其他地方而已。让消费者免费得到某个东西，其实总价并没有降低，不过，消费者的感觉会比较好，能够促进消费。

有些消费者愿意花更多的钱获得更好的服务，也有不少消费者为了省钱而减少服务。

如廉价航班，要么不提供任何餐食从而降低成本，要么是在很差的时间段飞行（俗称红眼航班）。

印度的很多公交车没有座位，乘客全部站立，以增加载客量，降低每个人的成本。曾经有人设计了极廉价的航班，飞机上没有座位，全是柱子，用安全带把乘客绑在柱子上。这种航班的载客量可以增加2倍，机票价格可以降低到原来的1/3，满足一部分人的飞行需求，真的是"空中客车"。后来因航空安全管制，这个方案没有得到推行。

为消费者提供什么样的产品和服务，取决于消费者的需求。定位不同，产品和服务构不成直接竞争。

有人愿意在高档酒店里吃很贵但不好吃的东西，也有人愿意在小饭馆里吃很便宜但味道很好的东西。我们既不要轻视便宜的东西，也不要一味地抨击贵的东西。

产品和服务研究，关注四个要素：

（1）产品主要功能：说明产品的主要功能（功效）。

（2）产品吸引力：说明产品具有哪些吸引力，能够打动消费者。产品功能仅满足需求是不够的，如果没有吸引力，消费者就会选择其他产品。

（3）服务主要内容：说明服务的内容和流程。

（4）服务吸引力：说明服务具有哪些吸引力，能够打动消费者。

6.5 盈利模式研究

前面讲述了价值研究、消费者研究、产品和服务研究，目的是明确我们究竟要从事何种事业。**无论设想多么伟大，逻辑多么完美，最终都要落实到赚钱。**

通俗地讲，**盈利模式是指让所有参与者都赚到期望的钱。**只有让所有参与者都得到期望的收益，大家才会拥护这个商业模式，这个事业才能持久地发展下去。

世上有很多已经验证过的盈利模式，如卖产品、收服务费、收广告费、交易分成等，有很多成功案例，读者可以阅读与盈利模式相关的书籍和文章。

盈利模式研究，简要归纳为三件事：

（1）明确赚钱的方式，让所有参与者都明白。

（2）说清楚道理（合乎逻辑），要追问"为什么、凭什么"，让所有参与者相信这是可行的。

（3）把账算明白（估算），要搞清楚是否真的能赚到期望的利润。

假如，我计划修建一条路，向过路人收取过路费。

首先，只用一句话就说明白了赚钱的方式，任何人都听得懂。

其次，说清楚道理（逻辑）。我凭什么可以修建一条路？我有资格收过路费吗？过路人真的要走这条路吗？这样深度思考，就能发现问题了。世上有很多事情，自己想得很好，但是经不起追问"为什么、凭什么"。很多烂尾工程，在立项的时候就不合商业逻辑，最后干不下去了，只好放弃，极度浪费社会资源。

假设赚钱方式是合情合理的，那要把账算明白（估算）。要明确出修路的成本，过路费价格，估算有多少人缴费。这么一算，可能一辈子都赚不到期望的利润，那就不要干了。利用很多成熟的盈利模式，不少人取得了成功，但是你去做可能就会失败，因为成本太高，赚不到钱。

盈利模式有两个基本原则：

（1）每个参与者创造的价值 > 收入 > 成本。如果不是这样，那么这个参与者属于不良环节，要将其剔除。

如果参与者的收入 > 创造的价值，那就等于伤害了别人。

如果参与者的成本 > 收入，那就只是在奉献。

（2）每个参与者的毛利润要达到他的期望值，否则就没有动力继续做下去。

创业者都有激情，当激情超过理性的时候，即使盈利模式不佳，他也会创业。即使遭遇挫折和失败，他也会坚持。无论盈利模式怎么样，在创业者自己眼里，其总是好的，就像父母总觉得自己的孩子是最好的。

盈利模式是投资者和参与者最关心的内容，他们只为利益而来，利益达不到期望值，就会放弃。差的盈利模式，他们不会接受，只剩下创业者自己苦干。

设计好的盈利模式，不仅让创业者自己有信心，更重要的是能用利益吸引各方合作者（而不是谈情怀），能增强创业实力，合作才能取得成功。即便是"画饼"，也要画利益之饼，而不是画情怀之饼。

一、收入来源

说明哪些业务（产品和服务）是可以收费的，而且真的能够收到钱。

供给者提供产品和服务，消费者付费，原本是天经地义的事情。

但是在互联网时代，出现了免费模式，导致消费不一定需要付费。

无论互联网企业提供了多少免费的东西，至少其中有一种东西必须收费，否则永远没有钱赚。

有些互联网业务，先用免费模式吸引了一批用户，过一段时间再收费，或者推出收费的增值服务，把一部分免费用户变为付费用户。设想虽然很好，但是现实很残酷。有些用户习惯了免费，一旦收费，就立即转向其他免费的产品。

有个儿童故事平台的销售经理曾对我说："平台有一大批忠实的用户，每天都听故事，坚持了数年。但奇怪的是，他们只听免费故事，就是不愿意听付费的故事。要把免费用户转化为付费用户，真的很困难。"

如果没有真实的收入来源，则盈利模式不成立，后面也无法研究了。

二、利益分配

有了收入来源，才能谈利益分配。所有消费者的付费总和，就是总收入。每个创造了价值的参与者，理应获得相应的收入。利益分配可以抽象表达为：

$$\Sigma 消费者付费 = A 收入 + B 收入 + C 收入 + \cdots\cdots$$

总收入是有限的。如果 A 收入过高,那么其他人的收入就减少了。理论上讲,每个参与者的收入要尽可能与其贡献成比例,但是很难做到。一方面,每个参与者贡献的价值很难精确地算出来;另一方面,人是有贪欲的,强势的一方总认为自己的贡献最大,要获得更多的利益。

幼儿园安全互动平台有一项收费业务是"家长付费观看教室的监控视频",家长自愿按月付费。原先设计的利益分配方案是,代理商(提供设备和现场服务)分成60%,平台(承担流量费用)分成40%。

在实际操作时,园方先拿走50%,剩下的50%,代理商分30%,平台分20%。代理商和平台的收入锐减,无利可图,不得已涨价,把成本转嫁给家长。涨价会导致付费用户数量减少,还有一些人一边付费一边抱怨。

网约车刚刚兴起的时候,平台大量补贴车主,给车主的分成也比较高。车主都很高兴,赚钱很快,比开出租车好很多。但是好景不长,后来补贴取消了,车主的分成比例也减少了。

最近我乘网约车时,发现车主满腹牢骚,都说干活累,赚钱少。要么是平台的利益分配不合理,强势的一方占了太多的利益,伤害了弱势方,要么就是平台的收入没有设想中的那么多。

合理的利益分配机制，不仅能维系多方合作，而且能够驱动各方更加积极地创造更多的价值（因为有利可图）。

三、利润估算

利润分两种：毛利润和净利润。

（1）毛利润 = 销售额 - 产品的生产和销售成本 - 税收

（2）净利润 = 毛利润 - 内部经营成本

利润率有两种计算方式：销售利润率（**分母是销售额**）和成本利润率（**分母是总成本**）。财务人员一般使用销售利润率，销售利润率永远小于1。老百姓常用成本利润率，人们常说的暴利，是指成本利润率远大于1。

（3）销售毛利润率 = 毛利润 / 销售额×100%

（4）成本毛利润率 = 毛利润 / 总成本×100%

（5）销售净利润率 = 净利润 / 销售额×100%

（6）成本净利润率 = 净利润 / 总成本×100%

每一个参与者都可以用上述公式估算毛利润和净利润，用于评估这个业务是否值得做。

毛利润和毛利润率反映了商业模式的盈利能力。如果毛利润和毛利润率很低，则这个盈利模式非常差。

净利润是参与者真正赚到手的钱，其与内部经营成本密切相关。经营成本主要是员工的薪资福利和办公开销等。如果毛利润率较高，但是净利润率很低，甚至是负数（亏损），说明内部经营成本太高。尚有办法挽救，如减少员工数量，减少办公开销，提高工作效率等。

前文介绍过，我公司的幼儿园安全互动平台的盈利模式比较差，曾连续亏损5年。我只好裁员，把员工数量从30人陆续减少到几个人，把几百平方米的办公室逐渐缩减至几十平方米，成本急剧下降。后来我们没有改进产品，只做维护，在第6年扭亏为盈了。

我不禁感慨，如果盈利模式比较差，那么人多不是力量大，干得越多亏得越多，人少反而更好。

有个成语叫"开源节流"。开源是指广开财路，节流是指节约成本。当盈利模式比较好时，应当扩大投资、广开财路（不要省钱）。当盈利模式比较差时，就应当节流，节省下来的成本是利润的主要来源。

四、定价策略

产品卖给消费者的实际销售价格（不是标牌价格）是怎么设定的？

通常是以期望的毛利润率和实际成本来推算售价。假设期望的成本毛利润率为 A，实际成本为 B，售价为 C，那么 C = B×(1+A)。

以背包的批发和零售为例：

假设厂家的生产成本是 100 元，厂家期望的成本毛利润率是 100%，那么厂家将背包卖给经销商的售价（即批发价）是 100×(1+1) = 200（元）。

对于经销商而言，背包的进货价是 200 元，在商场里销售，增加了 50 元的成本。经销商期望的成本毛利润率是 150%，那么它卖给消费者的价格（零售价）是 250×(1+1.5) = 625（元）。

当然售价不是固定不变的，售价和购买数量、竞争对手有关。购买数量越多，售价越低。竞争越激烈，售价越低。

五、市场估算

市场估算包含总额估算和份额估算（占有率）。

先估算出市场中的消费者总数和平均消费金额，再将两者相乘就是市场总额。市场总额包含了自己和同行的销售额。

以 2019 年中国手机市场为例（数据均为假设）：

高端手机平均售价 4000 元，假设每年有 1000 万人购买，则市场总额为 400 亿元/年。

中端手机平均售价2000元，假设每年有5000万人购买，则市场总额为1000亿元/年。

低端手机平均售价1000元，假设每年有6000万人购买，则市场总额为600亿元/年。

2019年高端、中端、低端手机累计销量约1.2部，市场总额约为2000亿/年。

市场份额 = 自己的销售额 / 市场总额 × 100%。市场份额是竞争力的体现，在很多时候估算市场份额比估算市场总额更加重要。

市场总额估算是很不精准的，因为我们不知道有多少消费者。创业者总是很乐观，常把市场总额放大十倍乃至百倍。

20世纪80年代后期，老百姓逐渐接受国外的食品。一些人开始吃奶酪、喝咖啡，涌现了商机。

20世纪90年代，有个法国奶酪公司决定进军中国市场。它假设每个中国人每年消费奶酪1千克，那么十亿中国人每年的消费总量约为100万吨，比全欧洲的消费量都大。只要培养好中国人消费奶酪的习惯，消费量会越来越大。这个估算非常有吸引力，于是该奶酪公司到中国各大城市设立机构，推广奶酪，最后失败了，因为中国消费奶酪的人非常少。

同期，外国咖啡企业也进军中国市场，也用人口数量来估算市场。

它们比奶酪公司幸运,因为中国咖啡消费者的数量远远超过奶酪消费者。

市场总额的估算很不准确,为什么很多创业模板中还都有这个要素呢?

因为投资者非常关心市场总额,市场总额就是事业的天花板。**投资者的目的是在市场总额很大的领域,找到合适的创业者,帮助创业者获得更高的市场份额。**

如果市场总额不大,假设每年只有1亿元,领先者最多占50%的份额。投资者估算,即便打造出最优秀的创业公司,一年的销售额最多5000万元,而且失败的可能性高达90%,投资机构肯定对此毫无兴趣。

对于市场总额比较小的领域,投资机构不感兴趣,但是某些个人或企业可能感兴趣。总之,创业者要找到合适的合作伙伴。

六、目标设定

目标设定是指在当前盈利模式下,企业在3~5年内的盈利目标。创业者要列出每一年的销售额、各类成本、毛利润、净利润、市场份额等指标。前几年亏损是正常现象,正是因为亏损,才需要融资。

目标设定也是不精准的。创业者不要刻意去美化盈利目标,按常理推算,大家认同即可。

6.6 供应链研究

一款产品可能有很多个零部件（包括软件和硬件），企业不可能自己制作所有的零部件。

例如，轿车有成千上万个零部件，车厂一般负责车型设计、发动机研发和整车组装。绝大多数零部件都是购买来的，或者是外包开发的。每一个零部件供应商都集中精力做自己最有优势的事情，分工合作才能把最终产品做得又快又好。

供应链是指把所有零部件变成最终产品的分工合作方式。供应链研究，关注三个要素：供应商管理、自主研发管理、库存管理。

一、供应商管理

说明如何选择和管理零部件供应商，选出最适合自己的供应商，并且让供应商兑现承诺。

评估供应商的要素有质量、供货周期和成本。

质量通常是第一要素。零部件的质量决定了最终产品的质量。一个零部件可能并不值钱，如果质量不合格，就会损害整机。

我的公司吃过很多苦头。幼儿园安全互动平台的软件系统是我们自己开发的，集成了十几种设备（如闸机、班播机、摄像头、温枪、校车定位设备等），这些设备都是外购的。

我们能够掌控软件系统的质量，即使发现缺陷，也能快速修正，但是无法掌控外购设备的质量。有些设备在测试的时候质量是合格的，但是在使用过程中时好时坏，导致服务人员不停地维修，成本急剧增加。有些时候还修不好（不知道故障的原因），导致客户满意度降低。

校门口的闸机看似是很成熟的设备，但在日晒雨淋之后，不久就坏了。打开机箱一看，有些器件受到高温被烤焦了，有些器件受水蒸气的影响短路了。平台每增加一种设备，都给整个系统增加了质量风险。

十年前，我曾给某电子产品企业做研发管理解决方案，碰巧遇到了一起质量事故。某供应商把上千个有缺陷的器件混杂在好器件之中，发给了工厂，工厂直接使用，全国发货十几万台整机之后，才发现了缺陷，导致企业信誉受损。该企业数十名高管连续熬夜一周，解决质量危机。最后供应商被剔除了，厂长也被撤职了。

二、自主研发管理

说明哪些东西需要自主研发，如何管理。主要原因有：

（1）在市场上找不到现成的东西，不能直接外购。

（2）即便有现成的东西，但是自己研发的性价比太高。

（3）有些东西是商业机密，必须自己开发，不能外包给别人开发。

自主研发管理的目标是在给定的时间内开发出质量合格的产品，研发管理的要素有：

（1）组织相应的人才。

（2）要有相应的技术储备。

（3）要有配套的流程和工具。

三、库存管理

库存是指存放一批零部件或最终产品。库存管理是指，说明如何管理库存，达到最优。库存管理的目标是，既要快速响应发货需求，又要控制成本。

库存的成本有两个方面：

（1）存放的零部件和最终产品的成本。存放的量越大，产品的成本就越高。

（2）存放场地的成本和管理的成本。

如果产品滞销或最终卖不出去，那么库存就成为企业的负担。如果产品的保质期比较短，那么库存风险比较高。

零库存听起来很好，但实际上不可行。如果产品畅销，却没有现货可以发售，或者没有零部件可供生产，那么企业会错失商机。**因为顾客没有耐心去等待，会选择其他同类产品，或者放弃购买。**

很多厂家会储备一些核心器件，如芯片，用于抗风险。日本是芯片生产大国，日本常有地震，经常造成芯片断供，导致整机厂家无法生产。

库存管理的要素如下：

（1）营销部门和研发部门共同商议，确定哪些产品需要存放，需要多大的量。

（2）找到合适的仓库，确保产品不会变质，不会丢失，而且成本合理，运输方便。

（3）要有管理流程和工具，避免产品的数量错误，摆放混乱。

6.7 营销研究

营销研究的目的是让产品卖得更好。"造好"和"卖好"是同等重要的事情。

数十年前，企业需要自己从零开始创建营销渠道，营销队伍庞大。那种方式代价太高，见效太慢，风险太高。

2000年后，与互联网相结合的新型营销手段不断诞生，令人眼花缭乱。这些新型手段，有一些是炒作，有一些行之有效。经过二十多年的市场考验，好的营销手段脱颖而出。现在中国的互联网营销世界领先，有大量的营销资源（包括平台和个人）可供创业者调用，这是非常了不起的创新和成就。

如今的创业企业，只要设计出合适的营销方案，找到匹配的营销资源（即合作者），几个人就能够组织面向全国消费者的营销活动。

关于营销的一些基本概念如下：

（1）营销不是在产品做完之后才开始的，要有合理的时间提前量。

（2）营销成本有可能高于生产成本（如奢侈品、化妆品等）。营销成本最终转嫁给消费者，消费者觉得值即可。

（3）营销发挥价值的前提条件是产品要好。如果产品不好，依靠某种营销手段可能卖得好，但一定很短命。在互联网时代，消费者可以快速了解真相，好坏传千里，忽悠是死路。

（4）在创业核心团队中，至少要有一个人擅长营销。擅长营销者，不仅能够把已有的产品卖好，更重要的是，能读懂消费者的内心，能快速提炼消费者的反馈，让团队知道消费者喜欢什么、讨厌什么，从而把产品做得更好、卖得更好。

商业模式中的营销研究，关注三个要素：

（1）如何宣传。宣传的目的是让潜在消费者了解这个产品的好，激起他们的消费欲望。由于消费者可以选择的产品很多，没有时间主动去了解每个产品，好的宣传，包括广告词、故事、视频等，能够让消费者在很短的时间内记住该产品。

中国有句老话"酒香不怕巷子深"，在古时候是对的，因为营销范围就在本地几条巷子里面，好酒靠口碑就能传遍巷子，不需要刻意宣传。

这句话放在现在,也是有道理的,它的本意是强调品质的重要性,酒香是立足之本。这句老话的不足之处是,无法把好酒卖给更多的消费者。

好酒也需要宣传,宣传的目的是让酒香飘到更多的巷子,口号要改为"酒香飘万巷"。

(2)如何销售。说明如何让消费者更容易地买到产品。

销售产品的地方,既可以是实体店(线下),也可以是网店(线上)。线上和线下,各有优缺点,不能说谁比谁好,因为谁也取代不了谁。

凡是需要消费者亲自体验后才会购买的产品,要有实体店。开设实体店的成本高,建设周期长,产品售价高。

反之,如果消费者看了宣传图片和视频,就能决定是否要购买产品,其在网上销售,效率会更高。

(3)如何合作。并不是所有的产品都要求由本公司人员去销售。全靠本公司人员去销售,销售量做不大。可以让合作伙伴销售,统称销售渠道。

常见的渠道叫作代理商,代理商不是本公司人员,其代表公司在各地开展销售和服务。凡是需要提供现场服务的业务，一般都需要当地代理商，因为一个公司不太可能在全国各地安排服务人员。

代理商管理涉及区域保护、奖惩、培训等，复杂度不亚于公司内部管理。中国手机占据世界市场的半壁江山，不仅手机质量好，更重要的是营销渠道建设得好，管理代理商的能力非常强。

网红带货是近几年流行起来的新型互联网销售模式（中国处于世界领先水平）。网红既有代理商的特征，又不同于传统的代理商。某些城市（如杭州、宁波等）一地就有十几万名职业网红，网红的办公室和工具都已经标准化。短短几年时间，网红已经产业化，取得了显著的销售成效。

罗永浩创业做手机，拼搏多年最终负债累累，很多人觉得他败得很惨，难以再起。但是他在2020年转型做网红带货，不到一年时间就赚了很多钱，很快将债务还清。这个现象非常值得思考，任何公司都不能拘泥于传统的销售渠道，不能低估网红带货的作用。

6.8 竞争力研究

没有任何人可以独占商业模式。即便你最先设计了商业模式，并且在一段时间内处于领先地位，一旦他人意识到这是好的商业模式，很快就会冒出一批竞争对手。

竞争力是使盈利模式取得成功的能力，与盈利无关的能力不能算作竞争力。例如，一家软件公司的程序员游泳很好，一家饭店的厨师唱歌很好，这些的确是了不起的优点，但不能将其当作公司的竞争力。

竞争力是综合能力，包含了优点和缺点。即使优点很多，竞争力也不一定很强。有些时候，"少犯错误"可能是最持久的竞争力。一些"很牛"的明星企业由于犯了大错误而迅速衰败或倒闭，非明星企业反而因没有犯过大错误而活得很好。

商业模式中的竞争力研究，关注三个要素：

（1）竞争对手分析。说明有哪些主要竞争对手，有何特征。

（2）己方优势分析。分析己方优势，如何保持和增强优势。

（3）己方弱点分析。分析己方弱点，如何消除或克服弱点。

提升竞争力是个漫长的过程。本书第 7 章将论述如何提升竞争力。

6.9　商业模式练习

本章前 8 节讲述了商业模式的研究方法。设计好的商业模式绝非易事，构想了商业模式，还要在实践中验证、改进，可能是个漫长的过程。

创业之初，最重要的事情就是发现供需矛盾，深度思考为什么会产生这个矛盾。明确了供需矛盾，你就发现了难得的商业机会。后续的创业，就是解决供需矛盾，从中获得利益。

我一再强调，发现需求和发现供需矛盾不是一回事，满足需求和解决供需矛盾也不是一回事。

人靠眼睛和经验就能发现无数需求，但是如果没有深度思考能力，那是发现不了供需矛盾的。

做一个产品去满足某种需求，大多是杯水车薪，对于整个市场几乎没有影响。而解决供需矛盾，则会产生巨大的市场影响，当然难度也很高。

能力不太强的初创者,如果能够做出满足某种需求的产品,而且卖得出去,就已经很不错了。初创者应当量力而行,循序渐进。

能力很强、有很大抱负的创业者,要敢于发现并解决供需矛盾,这是人生挑战。商业改革或革命从来都是代价很高的事业,无数人失败了,少数人取得了成功,推动了社会的进步。

本节讲述少年儿童健康餐饮的供需矛盾和绘画艺术的供需矛盾。这两个是人们尚未普遍意识到,但是长期存在的矛盾。我认为其中存在巨大商机,有一些人已经开始去做了。感兴趣的读者可以用表6-2完整地演练商业模式,与我交流。

一、少年儿童健康餐饮的供需矛盾

凡是养育过孩子的人都明白,在家长心里,孩子的安全健康永远被放在第一位。

幼儿和少年儿童餐饮是同等重要的大事,但是两者面临的矛盾不一样,我着重讲后者。

幼儿的健康成长简单总结为:吃好、睡好、玩好。由于幼儿没有学习压力(或者说压力比较小),比较容易实现吃好、睡好、玩好。大多数幼儿是幸福快乐的。我遇到的很多中小学生,都想念在幼儿园的日子。

毫不夸张地说，中国的中小学生是全世界最辛苦的人群之一。我们经常听到大人抱怨"996 上班"很辛苦，但和中小学生比，这可能不算什么。

我的两个孩子自从上小学之后，从周一到周五，每天早上 6:20 起床，晚上 10:30 睡觉。那些参加课外辅导班的孩子就更累了。我经常在群里看到家长们的抱怨的话，晚上 11 点了，有些孩子还没有做完作业。

我早上 7 点左右在马路上看到很多小学生，背着沉重的书包，啃着食物，快步走着，或者等公交车。这个时候，很多成年人还躺在床上。

在高强度的学习压力下，中小学生极其需要营养的支撑。他们这个年龄段，所有营养都用于长身体，过了 16 岁，几乎不发育了，之后再补都没有用了。**这么重要的营养需求，没有得到满足，实际上是严重缺乏营养供给**，很多家长没有意识到为孩子补充营养的重要性。

在孩子进入小学之后，他们的餐食几乎和大人相同，这是一种不健康的餐饮模式。

中国是美食大国，人们引以为豪。但是中国美食的缺点之一，就是更多关注味道，较少关心营养。绝大多数家长，甚至厨师，都不清楚食材的营养结构。

绝大多数家庭，不知道中小学生的营养需求。我很惭愧，我也不知道。大人自己觉得某种东西好吃，就给孩子吃。大人往往不需要长身体，但是孩子需要。

很多家庭的早餐是稀饭、油条和咸菜，虽然孩子能够吃饱，但缺乏营养。由于早晨上学很匆忙，孩子匆忙吃点就走了。

营养学家建议大人少吃晚餐，最好多吃蔬菜和水果，避免无法消耗热量，避免发胖。但是中小学生晚上绞尽脑汁地做作业，比大人晚上加班还累，所以晚餐必须有足够的营养。

"吃壮"和"吃胖"，营养结构不同。花样再多的菜肴，可能都不及一块牛排的营养价值高。

到了周末，很多家长带孩子去餐馆吃饭，说是"吃顿好吃的，补一补"，但是好吃不等于有营养。

火锅店热闹非凡，人们吃得很开心，但是营养却不足。我见过的很多餐馆，都是面向大人的。我在上海见过少量儿童餐厅，供儿童吃饭和玩乐，食物的价格是常规食物的2至3倍。儿童基本都在玩，并没有好好吃。让孩子在玩中吃，这本身就不太科学。

我对餐饮业经营者的建议是，与其挤进成人餐饮的红海市场，不如另辟蹊径，专注少年儿童的健康餐饮。口号我都想好了：**让孩**

子长得高、长得壮！吃出健康、聪明！

在未来很长时间里，小学生和中学生仍然有很重的学习压力，多数家庭可能仍然不懂得如何给孩子提供足够的营养，供需矛盾将长期存在。

面向少年儿童的健康餐饮机构，包含线下和线上服务，能赚到很多钱，而且大有裨益，我迫切希望成为其客户。

二、绘画艺术的供需矛盾

这个话题，多数读者不了解，但是它很有趣，也许大家读了就有想试试的冲动，且听我慢慢道来。

我认识很多IT行业的创业者和企业骨干，四十岁左右，共同的特点是头发稀少、白发甚多、面容憔悴。

我有个师弟在浙江大学当教授，他是国内计算机图形学顶级科学家，年轻有为，功成名就。前不久，我参加浙江大学计算机学院校友代表大会，见到这位师弟，发现他的头发白了很多。

我不禁感叹："看来你搞研究很累啊，头发都白了。"

他说："师兄你误解了，我搞研究很多年都没有白头发，最近几年我开了公司，才有了白头发。"

他的旁边还有一位师弟，是芯片设计专家，简直是白发苍苍。

我问大家：究竟是什么让大批 IT 精英未老先衰？

大家讨论的结果是：欲望和恐惧。

IT 精英没日没夜地创新，做的东西远远超出了普通老百姓的生活需求。同行唯恐落后，穷尽脑力和财力抢占市场。无数企业拼搏后倒闭，最终只剩下少数几家。当创业者倒下时，还不能豪迈地说是为消费者"牺牲"的，其可能是被自己的校友打倒的。

当我还在用 iPhone 7 的时候，iPhone 12 上市了。消费者真的有迫切的升级需求吗？可能没有。对于 iPhone 12，我作为苹果的忠实消费者，实在无动于衷。全世界的手机企业每年都会推出新款产品，或许不是消费者真正需要，而是竞争所迫，自己制造了恐慌。

中国 IT 行业，每天都在激烈地竞争。这么玩命，大家都会因竞争而折寿。

有没有竞争不这么激烈的行业，让人们可以心平气和地干活？能不能打磨不会过时的产品？

有的，如绘画行业。

我是一个 IT 人士，在这里谈绘画艺术的供需矛盾，貌似不太恰当。这个问题我思考了数年，我算是一个很有见地的外行。

我的岳父是中国顶级山水画画家，家族里有很多一流的画家。我结婚二十年，看了很多好画，聆听了大师的讲解。我不笨，看多了，听多了，受益匪浅。就如生活在张三丰身边的人，起点很高，即使不练武，也能领悟"内功"。因此，我虽然不会画画，但是有一些见解，旁观者清。

中国多数大学都在培养工程师。工程师的需求量很大，工种很多。培养工程师比较容易，读4年书，毕业就可以工作了，号称"万金油"。差一点的工程师，也可以去工地"搬砖"。

但是培养画家是非常艰难的，失败率很高。一个人一旦选择了绘画职业，就会一条路走到底，他只会画画，其他的往往都不会。中国画家成名通常在50岁之后，在出名之前，作品卖不出好价钱，普遍穷困潦倒。

很多画画的人，奋斗到50多岁，还是没有出名，那时他才发现自己成不了画家，很受打击。

优秀画家虽然稀少，却对社会有杰出贡献，他们的作品可能流芳百世。

IT 创业者，在成功的时候很风光，但是作品很短命。别说流芳百世，能流传几年就不错了。

画家从来不求快，只求品质。他们的一生，就是日复一日地画画，稍不满意，就自己毁掉作品重新画。

有些画家以自我为中心，不以消费者为中心。很多画家的脾气很差，我感受深刻。大家一定要包容画家的坏脾气，他们不是人品不好，而是职业所致。

我接下来要讲的问题是：即便是一流的画家，多数不富裕，其财富和才华不成比例。他们不想赚钱吗？不，他们当然想赚钱。

画家的主要收入就是卖画。但是卖画，属于构建一次、销售一次的商业模式。本书第 5 章分析过，这种商业模式没有规模效益，很难致富。想多赚钱，只能靠提高作品的单价。所以好的绘画作品，价格通常很高（数万元至数百万元）。能够欣赏作品的消费者本来就很少，加上价格很高，导致买的人更少。

绘画作品的销售途径很有限，主要是在画廊或举办画展的时候销售，受众太少。新颖的互联网销售模式，如网红带货，也不适合绘画作品。

有些作品参加了拍卖会，价格被抬得很高。画家的身价貌似升高了，实则骑虎难下。就如创业公司的估值很高，实际没有赚到钱，徒有虚名而已。价格越高，看热闹的人虽然多了，但是真正买的人却更少了，因为消费者觉得不值。画家又不敢降价卖，因为不能让已经卖出去的作品贬值，真是有苦难言。

画家（供给者）面临的问题是：**手头有好作品，但是很难销售。如果没有好的商业模式，就极难致富，画家就像捧着"金饭碗"的穷人。**

再谈谈消费者。

人的内心都是仰慕艺术的。当生活水平提高之后，人们会想方设法提高自己和家人的品位。很多家庭都会在家中挂一些画，而且会把孩子送到绘画兴趣班。家长不一定想把孩子培养成画家，只是本能地觉得让孩子学习绘画是好事。

老百姓对绘画艺术的需求普遍存在，但是往往买不起著名画家的作品。

绘画艺术的供需矛盾是：画家有好作品，却卖不出去。消费者想购买，却买不起。任何营销手段，都无法解决这个矛盾。

我思考了很久，想出解决这个矛盾的思路：不要卖画（真迹），而是卖画的衍生品（也叫文创产品），实现构建一次、大量销售的模式。

成功案例是故宫博物院的文创产品。所有的文物，都不可能卖给消费者。故宫博物院请来一批设计师，其把文物的元素提炼出来，转变为文创产品，文创产品可以大量生产，可以卖给游客，如包、扇子、丝巾、杯子、台历、记事本等。感兴趣的读者可以搜索"故宫博物院文创旗舰店"，商品琳琅满目。

这是两全其美的事情，游客高高兴兴地买了各种各样的纪念品，故宫博物院赚钱后又能更好地保护文物。

故宫博物院只是把文物转化为文创产品。民间有无数艺术家创作了现代的艺术品，其也可以转化为文创产品。这是商业模式的转变。

假设一幅画售价5万元，由于只能卖给一个消费者，它的产值最高就是5万元。如果将其变成文创产品，售价500元，但是有1万个消费者购买，产值就是500万元，增加了100倍。

我无意之中在小范围内验证了将绘画艺术变为文创产品的可行性。我从画家那里取得《春花怒放》《夏藤幽香》《秋菊吐艳》《霜叶赛花》四幅水墨画的照片，见图6-2。经过多次试产和修正，我制作了高品质印有水墨画的丝巾，不仅优美，而且吉祥，极具中国文化内涵。凡是见到这个丝巾的人，无不赞美。有些人多次购买，用于送礼。

图 6-2　四幅水墨画的照片

我并不建议把所有好画都制作成丝巾，而是要寻找每一幅画的最佳衍生品，既让消费者欣赏了艺术，又能够轻松购买。每一件文创产品都有二维码，消费者扫描后进入画家主页，查看所有作品的介绍，会引发多次消费。

画家应该醉心于艺术创作。画家是宝贵的人才，企业家要设计出好的商业模式，创造最大的价值，让更多的消费者受到艺术熏陶，让画家获得很好的回报。

第 7 章

竞争力

7.1　长处和短处

人无完人，任何人都有长处（擅长的事情）和短处（不擅长的事情）。人或企业的竞争力，是长处和短处的综合效应。

成功是由于长处在某个时机发挥了主要作用。反之，失败也是由于短处在某个时机发挥了主要作用。

企业管理学中有个木桶原理，也叫短板效应，指的是木桶盛水的能力，取决于短板，而不是长板，因为水从短板处漏掉了。该原理进一步发展，木桶盛水的能力还取决于木板之间的缝隙（合作能力），缝隙越多，漏水就越厉害。

也有不少人反对短板效应，提出了"斜木桶原理"，也叫长板效应。把木桶斜放，短板置于上方，长板置于下方，这样木桶盛水的能力，就取决于长板，如图7-1所示。

木桶短板效应
盛水量取决于短板

木桶长板效应
盛水量取决于长板

图 7-1　短板效应和长板效应

保守一点的人，倾向于接受短板效应的观点。他们会努力消除自己的短板，结果通常导致没有明显的长处，也没有明显的短处。

喜欢冒险的人，倾向于接受长板效应的观点。他们会集中精力打造长板，请别人来补短板。如果补不了，那就不补了。

还有一些人很豁达，认为人生不是木桶，不用管是长板还是短板。

人的性格不同，追求不同，保守做法和冒险做法并没有对错之分。

7.2　长处不能遮盖短处

长处是长处，短处是短处，这是两码事，长处不能遮盖短处。

例如，一个人很富有，但是长得丑，富并不能遮盖丑，富和丑在不同的时机发挥不同的作用。在相亲的时候，有些人特别在乎富，可能会忽视丑。也有一些人，不喜欢长得丑的人，再富也没有用。

我读高中的时候，偏科很厉害。我的物理成绩很好，化学和数学成绩也不错，但不擅长其他科目。由于擅长物理，所以我把绝大多数时间都用于学习物理，导致其他科目成绩很差。

高考的时候，要考 7 门课程，物理、化学、数学、语文、英语、政治、生物，考后我才意识到偏科真是灾难。尽管我的物理和化学成绩接近满分，但是无法弥补语文、英语、政治、生物的短板。

其中，语文总分 120 分，我只考了 54 分，仅语文一门课就把我甩出了一流大学。物理的长处不能遮盖语文的短处，而语文的短处差点毁了我的大学梦。

再来讲一讲项羽和刘邦之间的竞争。项羽"艰苦创业",赢得了无数场战争,其才华和威望大概无人能及。项羽年轻时就称霸王,算得上中国历史上杰出的"创业人才"。

项羽有很多长处,但是有一个致命的短处,就是不会、也不屑于用阴谋诡计。刘邦有很多短处,但是其长处就是极其擅长阴谋诡计。最终,项羽和刘邦对决之际,项羽只有30岁,刘邦50多岁。结果,才华横溢的项羽,被老奸巨猾的刘邦用阴谋害死了。

上述例子说明,长处不能遮盖短处。当短处发作时,长处救不了短处。

7.3 避短非长久之计

早在楚汉之争时，就有"扬长避短"这个成语。《史记·淮阴侯列传》记载，赵国将军李左车，曾经差点击败韩信，被韩信拜为师，并传授韩信宝贵经验"不以短击长，而以长击短"。

然而扬长避短，避得了一时，避不了一世。在漫长的创业过程中，短处终归会发作。竞争对手会用长处攻击我们的短处，甚至，还没有轮到对手攻击我们，我们自己就"栽倒"在短处了。

我读大学后，物理成为我的专业，我终于可以光明正大地扬长避短了，兴高采烈地放弃了文科。扬长避短让我脱颖而出，我在大学二年级暑假就成为一名科研人员。之后我不断地获得各种荣誉，成为本校知名学生，的确给我带来了与众不同的机会。

然而短板一直存在，只是被我忽视了，并没有消失。我因为自己的科研长处而创办了科技公司，团队"偏科"也很厉害，初期取得了一点小成功，后续就陷入泥潭，过去不起眼的每一个短板都可能是致命的。

我的心得体会是：**在创业初期，应当扬长避短，以获得生存机会。当公司存活下来后，就要扬长补短**，只有这样，公司才能稳健地发展。

7.4　如何补短

无论企业曾经多么辉煌，最终都会"栽在"自己的短板上，补短实质上就是延长企业的寿命。

扬长是让人开心的，就如我盼望每周都考物理。补短是让人不愉快的，就如我迫不得已补语文。

补短有两种方式：一是自己补短，二是找到能够弥补短板的合作者。

最理想的方式当然是第二种。如果团队里有优势互补的人，例如，我的长处是你的短处，你的长处是我的短处，两者组合就是珠联璧合。每个人都可以扬长避短，大家都很开心。

问题在于，你能够在有限的时间内找到可以优势互补的合作者吗？

有几种情形：

（1）一直找不到满意的合作者，如吕布，基本一直在"单干"。

（2）找到了合作者，但是对方不愿意合作，如曹操和徐庶。

（3）找到了合作者，也进行了合作，后来出现矛盾，"分手"了，如曹操和陈宫。

（4）进行了合作，成为战友，如刘备和诸葛亮。

自己补短，或者找别人补短，都存在机会成本。哪种机会成本低，就选择哪一种。总之，不能不补。

我曾经把自己最短的短板，补成最长的长板，这是我读书生涯和工作生涯中最不可思议的事情，在此分享给读者，以鼓励大家。

前面讲了，我高考语文成绩只有 54 分，总分 120 分。这么差的成绩，不是我的懒惰导致的，而是我竭尽全力后的分数。这个分数在我的高中班级里，算是中等水平，真是不好意思说出口。

我生长在不富裕、教育资源匮乏的农村。当时流行的口号是"学好数理化，走遍天下都不怕！"这句话是有社会内涵的。因为学好数理化只需要智商高，而当时很多人，包括我，除了智商高，真的不擅长其他东西了。

我进入大学后，遇到了一位高考语文成绩 110 分的同学，我视其为神人。我很疑惑地问她:"你学语文得多刻苦啊?"

她说,自己学语文从来不刻苦,一点儿都不费劲。因为她父母都是大学老师,家里来往的也多是大学老师,从小到大最不缺的就是文化熏陶。我明白了,她的语文长板是天生的,我的语文短板也是天生的,是各自的生活环境所致。

我读大学后再也没有接触过语文。我从大学三年级起,就经常参加科技竞赛,需要提供各种篇幅的项目说明书。这时我感觉十分为难,我干了很多活,但是不会写。

写说明书这件事情没法请别人帮忙,我只能自己琢磨,反复修改。我是学物理的,**一定要把事情的来龙去脉写清楚,还要写得精准,这是不妥协的专业秉性**。虽然我语文成绩差,但是我对说明书的要求很高,我很有志气。

我所在的微电子研究所里有一位资深行政管理员,她经常帮老师申报项目。她无意中翻看了我写的项目说明书,说我写得比老师的还要好,前途不可估量。我当时20岁,第一次被人表扬文笔好。

后来我越写越多,写了十几本技术管理著作,还跨界写了一本幼儿园管理著作。

有一次我帮一位著名老画家制作宣传册,我自作主张写了20

篇作品点评，用于引导读者。老画家看了非常满意，认为其把他作品的特色精准地表达出来了。他让我感谢那位点评专家，要送礼物给他。我说，不用了，这不是专家点评，全是我写的。老画家非常吃惊，说我是一个专家级别的外行，以后做宣传一定请我代笔。

我从写说明书开始，把最短板变成了最长板。新冠肺炎疫情期间，我居家思考一年多，一口气完成了三本著作《天性》《吸引》《做对》。可见，人只要智商没问题，足够勤奋，补短板其实不难。

7.5 人人都有比较优势

人们应该从事自己具有优势的职业，这样不仅干活顺心，而且收入也多。

如果和他人对比，发现自己没有任何优势，例如，钱比别人少，长得比别人丑，能力比别人弱，那是不是就没有前途了呢？

不必那么悲观！在市场经济环境里，运用"比较优势原理"可以帮助看似没有优势的人们找到优势。

比较优势是指，生产某个商品，或从事某种职业，"机会成本较少者"比"机会成本较多者"具有"比较优势"。

请注意，不是说"有才华、能力强"的人比"没有才华、能力弱"的人具有比较优势。能力弱者完全有可能在某个领域比能力强者具有比较优势。

比较优势是经济学概念，与人的能力强弱和优缺点并无直接关系。

例如，科学家在科研方面比农民强，但是在干农活方面通常比农民差，在烧菜方面比厨师差。即使这个科学家是全才，既是干农活的高手，又是烧菜的高手，他也不应该仅当一名农民或厨师，因为机会成本太高了（不具有比较优势）。

电视剧《安家》中有个弱势的小伙子叫小楼，他家庭贫困，读书少，没有销售经验。他很久都没有成交一单，十分落魄，每天只吃米饭不吃菜。他打电话给潜在客户，常常被人吼骂和讽刺。小楼坚持不懈，始终笑脸相迎，终于把2套商铺卖给了一位客户。

在庆祝会上，大家请小楼讲一讲秘诀。小楼说，秘诀只有一条，"不要脸"！坚持"不要脸"！

小楼相比于其他人的比较优势是：面对任何客户，"不要脸面"，他可以承受别人无法承受的羞辱和打击。

7.6　比较优势原理的应用

比较优势原理在社会中的典型应用是"贸易"和"专业化分工"。

一、贸易

如果购买某个商品的费用比自己生产的费用低,那么就不要自己生产,买别人的最划算。

例如,卖面包的人买衣服,卖衣服的人买面包,形成了小贸易。工业国出口工业品,进口农产品,而农业国出口农产品,进口工业品,形成了大贸易。

二、专业化分工

每个人尽可能地做自己最擅长的事情,社会生产效率会变得更高,这叫"术业有专攻"。企业可以把非核心业务外包出去,集中精力去做核心业务。

例如，汽车厂通常只做整车设计和发动机研发，其他汽车零部件大多从供应商那里采购。有一些服饰企业，只做设计，其他全部外包。

贸易和专业化分工的好处是：社会总财富最大化，强者不必抢弱者的饭碗，各干各的，都有生计。

比较优势原理在企业内部的应用如下：企业中的任何人都能发挥作用，各自都有比较优势。企业要拥有不同级别的人才，让其去从事不同级别的工作。

能力强者去做更重要的工作，能力弱者去做次要的工作。不提倡"能者多劳"，不该让能干的人做太多杂事，应该让其多休息，休息好了就可以把重要工作做得更好。

如果让高级人才去做基础工作，不仅浪费了人力资源，而且极有可能做不好基础工作。例如，高级工程师通常做不好测试和维护工作，因为他会觉得大材小用，内心不满，于是草草地应付了事。

如果让一批水平相同的人去做多个不同级别的工作，则会发生"能力不足"和"能力浪费"的现象。

机会成本和比较优势是非常重要的经济学术语，创业者一定要理解原理，**避免做一些看似节约成本、实则增加机会成本的事情。**

7.7　比较优势不够硬

创业初期要做具有比较优势的事情,避免刚开局就遇到强大的竞争对手。坦率地讲,利用比较优势是取巧的行为,是弱者的生存之道。

比较优势建立在对手认为自己机会成本太高了,不值得做之上,于是给弱者留下了捡漏的机会。

机会成本是人的主观感觉,在不同处境下,机会成本的变数很大,并不靠谱。

例如,有的明星在辉煌时期,通常非常挑剔、非常难伺候。常见的情景如下:我跟你们说,我的时间是非常宝贵的,小于 1000 万元的小单子,我是不接的。有重要事情请找我的经纪人,要提前预约。

当这个明星不红时,那些 100 万元、10 万元的单子,他也会抢着接。

当这个明星快过气时，免费的、甚至是倒贴钱的单子也会接。明星需要存在感，怕被人忘记。

说好不接小于1000万元的单子，说变就变。

比较优势的缺点就是不够硬，真正过硬的优势，有个"高大上"的名称，即"核心竞争力"。

企业利用比较优势，只是权宜之计；打造核心竞争力，才是长久之计。

7.8 什么是核心竞争力

先谈谈什么是核心竞争力。

有人说,核心竞争力就是"天塌下来也能顶得住的能力"。这绝对是超强竞争力,但很少有人能做到。

有人说,核心竞争力就是"他有我有、他无我有"。这讲的真的是优点吗?其实很可能是缺点。别人有的缺点自己都有,别人没有的缺点自己也有。

用一句话来表达:核心竞争力是使企业在目标市场取得领先地位的能力,竞争对手难以超越。

并不是任何优点都有资格叫作核心竞争力。例如,某软件公司有个顶级大厨,虽然很值得自豪,但是其不算核心竞争力。再如,你认识很多名人,你特别能吃苦,这些优点既没有让你的企业取得领先地位,又没有让竞争对手难以超越,都不算核心竞争力。

创业者的核心竞争力是如何产生的？

当创业者把自己的长处，作用在一个很小的细分市场时，容易形成竞争优势。在这个领域，已知的对手和未知的潜在对手都很难超越你，于是产生了核心竞争力。

我用武林争霸来解释核心竞争力。

武林人士闲不住，喜欢挑战名人，总想争天下第一。理论上讲，如果你的武功练到天下第七，那么你就是活得最潇洒的"武林霸主"。

武功第一、第二、第三的三位武林人士，被全天下人盯着，每天焦虑不安。

武功第四、第五、第六的三位武林人士，眼睛盯着前三名，每天勤学苦练，时刻想着将前三名取而代之。

前六位武林人士，竞争激烈，活得太累，普遍短命。

那位天下第七的武林人士活得很滋润。因为比他厉害的六个人，都没有心思跟他竞争，而其他人又竞争不过他。只要老七不图虚名，不招惹前六个人，他其实就是没有光环的"第一名"。

如果某企业在全行业（如餐饮、服装、房产）排名第七，那么可能没有人知道它。但是它早就是某个细分市场的"第一名"了，完全不必羡慕披着光环其实很苦的全行业前六名。**老七稳坐细分市**

场第一,不必在乎在全行业排名第几,不要轻易扩张而降低自己的核心竞争力。排名靠前的企业犯了错误倒下了,你的企业排名自然就靠前了。

我总结一下常规的创业竞争策略:在创业初期,利用比较优势,可以做些边缘、小众的产品,避免和强者正面竞争,先让自己生存下来。然后不断探索适合自己发展的领域,坚持不懈地打造核心竞争力,成为目标市场的领先者。稳固地位,成为真正的强者。

20 世纪 90 年代,上海贝尔在中国通信行业算得上"高大上"。它继承了"贝尔实验室"的研发成果"程控交换机",又有政府支持。同期,民营企业华为崛起,华为是任正非借钱创办的,通信大鳄们当时并不知道华为。华为最初只能捡漏做些边缘产品,如农村交换机、小企业和酒店内部通信系统等。华为卑微地、倔强地成长,到 2000 年就和上海贝尔"平起平坐"了。

2000 年和 2001 年是中国电信业发展最火爆的时期。三大运营商大量采购设备,供应公司日夜不停地生产,效益极好。就在这个时候,任正非写了一篇可以载入商业史册的文章《华为的冬天》。我当时看了极为震撼,敬仰不已。

我记得当时我在上海一家叫滴水洞的湘菜馆和在华为工作的校友吃饭。大家自发举杯祝愿任正非健康长寿,期望他带领华为成为中国强大的通信企业。没有想到的是，如今华为真的成为世界上最强的通信企业之一。

华为创业三十年来，一直坚持不懈地打造核心竞争力：超强研发能力和超强管理能力。在强敌如林的通信行业，立于不败之地，世界领先。

7.9 如何打造核心竞争力

发现自己的竞争优势，打造核心竞争力，这不是容易的事情。我总结了如下几个步骤。

第一步：放下曾经的光环

敢于创业的人，或多或少都有光环。但是光环最容易使人迷惑，不要把别人对你的赞誉当作自己创业的理由。

别人说："你真棒！你一定行！"你千万别当真，那是哄人的，"鸡汤"不是"硬菜"。

例如，有些人当了大企业的高管，长期受到下属和客户的恭维，觉得自己很厉害，内心膨胀了，觉得自己创业当老板会更厉害。在他真的创业后，原先恭维他的人都不见了，他这才发现自己没什么了不起的。

人长大了，一定要有自知之明。光环是别人给的，顺着别人的期望去创业，会很快失败。放下光环，就是回到理智的状态审视自己。

我在大学时代（从本科到博士）获得了很多奖，在上海贝尔工作期间也获得了最高级别的专家奖。实际上这些奖对我的创业没有太多用处，就是摆设而已。很多奖状和奖杯堆在书柜里，我多年未加理睬，竟然长虫子了。有一次，我家老人误把一个木质的专家奖状当成了普通相框，在其中塞进了几张孩子的照片。我无意中发现了，觉得孩子的照片比曾经让我自豪的奖状更有价值。

我每次失败反省的时候，都会放下自己过去的光环，"裸视"自己，避免光环误导了自己。

第二步：找出自己长期存在的优势或特长

优势，是指自己在某些方面具有优于对手的条件，如技术、资金、人脉、经验等。优势可能是自己积累的，也可能是继承来的。

特长，是指自己特别擅长做某些事情，一般人比不过你。即使你没有先天优势，只要你有特长，你也能建立优势。

即使没有先天优势，人也可以在学习和实践中找到自己的特长，马云就为大家树立了榜样。

"富二代"和"官二代"创业，或许具有先天的资金和人脉优势，但是并非不可战胜。他们可能缺乏特长，或者没有持久的战斗力，最终也会败下来。

用物理学来诠释，优势是"势能"，特长是"动能"，两者可以转化和叠加。

这里强调"长期存在"这个定语，是因为"短期存在"的优势或特长，可能不足以支撑较长的创业过程。

第三步：把优势和特长用在最能创造效益的领域（即目标市场）

把优势和特长用在最能创造效益的领域，这叫"做对的事情"（Do Right Things）。

国内有两个著名的创业大咖"老罗"，他们共同的特点是口才非常好，具有极强的感染力。

其中一个"老罗"，即罗振宇，做知识服务平台，做跨年演讲，偶尔客串"奇葩说"。他利用互联网把传统的"说书"升级为大众喜欢的"知识服务"，在商业上很成功。

另一个"老罗"，即罗永浩，要做世界上最好的手机，要与苹果公司竞争，有很多年轻人追随他。手机行业毕竟不同于英语培训，"老罗"没有任何优势和特长，喜欢谈情怀。手机行业的人士都预测他必败无疑，只是没有料到他坚持了那么长时间，负债那么多。"老罗"是个创业"悲剧英雄"。2020年他重出江湖，做网红带货，很多人嘲笑他，但我很看好他，因为他有数百万名铁杆粉丝，有现成的用户优势。他曾经是新东方最受学生欢迎的老师之一，这是硬实力，这种能力不用于带货，简直是暴殄天物。不到一年时间，"老罗"辛勤带货，赚了很多钱，提前还了债，树立了信用楷模。

两位"老罗"出身寒门，创业事迹十分感人，很了不起。

营销管理著作宣扬以客户为中心，很多人误以为客户需要什么，企业就应该做什么。

然而，办企业不是献身。即便你抓住了客户需求，如果不是你擅长的事情，你做了也会失败，不如不做。所以，每个企业必须找到适合自己的目标市场，只做客户真正需要、自己真正擅长的事情。

第四步：聚焦力量，认真执行，持续改进

十余年前，我给一个电子企业做研发管理咨询。这家企业生产和销售二十多款电子产品。这么多产品并不是该企业自己凭空设想出来的，的确存在真实的市场需求，日积月累，既是成果又是包袱。产品太多了，导致研发、生产、维护的流程非常复杂，很难提升产品质量，进度很慢，所有人都很疲惫。企业已经无法靠流程和工具的改进来解决问题了。

企业管理层花了很多精力来分析所有产品的成本效益，最终发现了一个惊人的结果：有 40%的产品，不赚不亏，不温不火；有

40%的产品，一直亏钱；还有20%的产品，赚了大钱。实际上，企业是靠20%赚钱的产品来养着40%亏钱的产品，搞得大家都很累。大家惊呼，早知如此，只做20%的能赚钱的产品，不做其他80%的产品，不就可以轻松赚大钱吗？

于是企业管理层花了数年时间精简产品线，下狠心把二十多款产品砍掉，最后只剩两款产品："中小学生平板学习机"和"儿童电话手表"。企业集中所有的精力只做两款产品，自然越做越好，这两款产品后来都成为行业第一名，销售额超百亿元。

创业初期，要聚焦力量于很小的细分市场。哪怕优势和特长不明显，只要方向正确，认真执行，日积月累，竞争力就会越来越强。

还要注意，我们在进步的同时，竞争对手也在进步。企业在任何时候都切忌贪大贪多，避免优势和特长被"稀释"，失去核心竞争力。

7.10　与竞争对手相处

正直的竞争对手是企业最好的朋友。如果没有竞争对手,从短期来看是好事,但是从长期来看绝对不是好事。

一些先天拥有垄断资源的企业,由于长期没有竞争对手,越做越差,甚至越来越腐败。将来一旦制度改革,它们失去垄断资源就会马上被淘汰。

那些靠自己的努力取得领先地位的企业,如果没有了竞争对手,没有危机感,就会不知不觉地掉队。还有更加危险的事情,由于没有竞争对手,你就难以了解竞争对手的举措和成败得失,极有可能自己正面临灭顶之灾却无从知晓。

中国的古代哲理"生于忧患,死于安乐"同样适合现代企业。

我们应当随时关注并研究竞争对手,学习竞争对手的优点,但是不要跟风模仿,而要设法超越,或者产生差异。看到竞争对手的缺点和其犯的错误，就要检查自己是否有类似的缺点，避免犯下相似的错误。

任何时候，都不能做诋毁竞争对手的事情，不要相互攻击，否则会导致两败俱伤，甚至被所有消费者抛弃。

未经许可，不得以任何方式复制或抄袭本书之部分或全部内容。
版权所有，侵权必究。

图书在版编目（CIP）数据

做对：创业决策和执行的历练 / 林锐著. —北京：电子工业出版社，2021.4
（企业家讲坛：创新创业指导丛书）
ISBN 978-7-121-40817-5

I. ①做… II. ①林… III. ①创业－决策－研究－中国 IV. ①F249.214

中国版本图书馆 CIP 数据核字（2021）第 051119 号

责任编辑：黄　菲　　文字编辑：刘　甜
印　　刷：三河市鑫金马印装有限公司
装　　订：三河市鑫金马印装有限公司
出版发行：电子工业出版社
　　　　　北京市海淀区万寿路 173 信箱　邮编 100036
开　　本：720×1 000　1/16　印张：13.75　字数：152 千字
版　　次：2021 年 4 月第 1 版
印　　次：2021 年 4 月第 1 次印刷
定　　价：68.00 元

凡所购买电子工业出版社图书有缺损问题，请向购买书店调换。若书店售缺，请与本社发行部联系，联系及邮购电话：（010）88254888，88258888。

质量投诉请发邮件至 zlts@phei.com.cn，盗版侵权举报请发邮件至 dbqq@phei.com.cn。

本书咨询联系方式：1024004410（QQ）。